प्रायश्चित

(उपन्यास)

प्रायश्चित

अश्वनी प्रताप

हिन्द युग्म
hindyugm.com
BLUE

ISBN: 978-93-92820-91-5

प्रकाशक :
हिंद युग्म ब्लू
सी-31, सेक्टर-20, नोएडा (उ.प्र.)-201301
फ़ोन- +91-120-4374046

मुद्रक : मनीपाल टेक्नोलॉजीज लिमिटेड
कला-निर्देशन : विजेन्द्र एस विज

पहला संस्करण : 2024
मूल्य : ₹249

Prayashchit
A novel by *Ashwani Pratap*

Published By
Hind Yugm Blue
C-31, Sector-20, Noida (UP)-201301
Phone- +91-120-4374046
Email : sampadak@hindyugm.com
Website : www.hindyugm.com

First Edition: 2024
Price: ₹249

बहुत कुछ अधूरा है
मानव अस्तित्व में,
जैसे अधूरा है
शिशु बिन मातृत्व
पुरुष बिन स्त्रीत्व,
सो स्त्री बिन अपूर्ण है
दुधमुँहे शिशु का भोजन
पुरुष का संपूर्ण जीवन।

अध्याय 1

लोगों की लंबी क़तार बड़े बाबू को एक के बाद राम-राम करते हुए अपना काम जल्दी पूरा कराने को आगे आती जा रही थी। चौबीस बरस के बड़े बाबू 'हाँ चचा, हाँ ताऊ' करते हुए सबका काम फटाफट निपटाते जा रहे थे। सोनकपुर का हर दूसरा आदमी उन्हें बहुत ही निजी तौर पर जानता था। यही विशेषता होती है जो छोटे गाँव या क़स्बों को बड़े शहरों से अलग करती है। जहाँ शहरों में लोग अपनों को अपना कहने से कतराते हैं वहीं गाँव और क़स्बे में जैसे कोई पराया होता ही नहीं। कोई ताऊ, कोई चचा, कोई भाई, तो कोई भौजाई, सभी रिश्ते एक आँगन में खेलते हुए नज़र आते हैं। गाँव में होते हुए कोई अपने आप को अकेला महसूस करे ऐसा संभव ही नहीं।

सोनकपुर एक ज़रा-सा क़स्बा था जहाँ हरएक व्यक्ति की ज़ुबान पर बस यही बात रहती थी कि 'फलाने डाकख़ाने में हमारी बहुत अच्छी जान-पहचान है।' बड़े बाबू को सभी छोटू जी के नाम से भी जानते थे। नाम से ही जान पड़ता है कि ज़रूर छोटू जी अपने परिवार में सबसे छोटे रहे होंगे इसलिए उनका यह नाम पड़ा। भारतीय समाज में पारिवारिक प्रेम का प्रभाव व्यक्ति विशेष के नाम में साफ़ दिखाई देता है, जहाँ घर

का सबसे छोटा बेटा छोटू सिंह, किसी का रंग दबा हुआ हो तो कालूचंद, कोई हद से ज़्यादा गोरा हो तो भूरेलाल होता है। वहीं पर यह देखकर बड़ा आश्चर्य होता है कि आख़िर जानवर और इंसान में कोई फ़र्क़ है भी या नहीं! जिस घर के एक आदमी का नाम भूरा होता है उसी घर के पालतू कुत्ते का नाम कालू, और अगर कुत्ता लाल हो तो लालू भी हो जाता है। इसके पीछे की भावनाएँ पूर्णत: स्पष्ट हैं- नाम ऐसा हो जो पुकारने पर मुँह से नहीं हृदय से निकले।

छोटे-से गाँव-क़स्बे में अगर किसी का लौंडा सरकारी विभाग में चपरासी भी हो जाए तो क्या ठाठ होते हैं। छोटू जी तो बड़े बाबू बने थे इसीलिए लोग उन्हें अब छोटू के बजाय इज़्ज़त के साथ छोटू जी कहने लगे थे और उनके पिता जी भी 'बड़े बाबू के पापा' के इशारे से पहचाने जाने लगे थे। इससे बड़ी बात एक पिता के लिए क्या हो सकती है कि वह अपने बेटे के नाम से पहचाना जाए। अब छोटू जी जिस भी जान-पहचान के मोहल्ले से गुज़रते, वहाँ का हर बाप अपने नाकारा बालक को ताने देकर कहता– 'देख फलाने का लड़का डाकख़ाने में बड़ा बाबू बन गया है, कम्बख़्त! तू कम-से-कम सरकारी चपरासी ही बन जाता।' सोनकपुर के नई उमर के लड़कों को छोटू जी फूटी आँख नहीं सुहाते थे। पहले ही क्या कम आफ़त थी जो अब इस छोटू के पीछे बापों के तानों में ऐसी धार आ गई थी मानो क्रोधित बाप ने नाकारा बेटे पर ब्रह्मास्त्र से प्रहार कर दिया हो। सोनकपुर में रहने वाले हर बाप की ज़ुबान पर फ़िलहाल छोटू जी और उनके पिता जी का नाम था, वहीं सोनकपुर के हर लड़के की ज़ुबान पर छोटू का- मगर सिर्फ़ गालियों के साथ।

छोटू जी को डाकख़ाने में नौकरी लगने से ज़्यादा ख़ुशी इस बात की

थी कि अब कम-से-कम पिता जी के ताने तो नहीं सुनने पड़ेंगे। वरना क़रीब दो महीने पहले तक उनके पिता जी को अपना लड़का इस देश का सबसे नाकारा और कामचोर लड़का लगता था जिसे घर में रहकर पेट भरने और खटिया तोड़ने के सिवा कोई और दूसरा काम नहीं था। छोटू जी को नौकरी लगने से पहले दिन-रात ताने दिए जाते थे। वो घर में रहते थे तो चौबीस घंटे घर में घुसा रहने वाला, ज़्यादा घर से बाहर रहते थे तो घर में क़दम नहीं टिकते, दोस्तों संग दिख जाएँ तो चौबीस घंटे आवारागर्दी करने वाला। रात में पढ़ते-पढ़ते अगर आँख लग जाती और कभी भूले से पिता जी की नज़र पड़ जाती तो फिर समझो घर यह कहकर सिर पर उठा लिया जाता था कि पढ़ाई-लिखाई कुछ नहीं बस किताब के बहाने नींद निकाली जा रही है। मतलब हर तरफ़ से छोटू जी की आफ़त ही थी। पर अब माहौल बदल चुका था। छोटू जी को प्रतिदिन दफ़्तर से घर लौटने पर ऐसा सम्मान मिलता था जैसे कोई सैनिक जंग जीतकर लौटा हो। पिता जी अब रोज़ शाम को चाय के लिए पूछते थे और कभी-कभी तो स्वयं ही बनाकर पिला भी देते थे। जो सब्ज़ी छोटू जी को पसंद नहीं थी, रसोई में उसका बनना पूर्णतः प्रतिबंधित था। कुल मिलाकर पिता जी की ख़ुशी का ठिकाना नहीं था। ढलती उमर ने जो कंधे झुका दिए थे वो बेटे ने ऊँचे कर दिए थे।

छोटू जी के संग एक और सज्जन डाक विभाग में कार्यरत थे जिन्हें सब रावत जी कहकर बुलाते थे। इनका पूरा नाम था- अमर सिंह रावत। साहब का नाम तो ऐसा था जैसे किसी राजा-महाराजा या रजवाड़ों के ख़ानदान से संबंध रखते हों। परंतु दुर्भाग्यवश रावत जी एक नंबर के लीचड़ व्यक्ति थे। दरअसल, रावत जी छोटू जी के सहकर्मी होने के

साथ-साथ उनके फूफा जी के ख़ास मित्र के छोटे पुत्र भी थे। फूफा जी से हिदायत भी मिली हुई थी कि रावत जी का ख़ास ख़याल रखा जाए।

परिवार में दो रिश्ते ऐसे होते हैं जो राजनीति से बहुत मेल खाते हैं- पहला, जीजा जी और दूसरा, फूफा जी। जिस प्रकार दो राजनीतिक दल एक-दूसरे के प्रति ग़ुस्सा होते हुए भी गठबंधन के कारण एक-दूजे को सम्मान देने को विवश हो जाते हैं, ठीक उसी प्रकार रिश्तों के गठबंधन के चलते परिवार के सभी लोगों को इन जीजा और फूफा रूपी प्राणियों को सम्मान देना ही पड़ता है, भले ही इन्हें देखकर कितना ही ख़ून खौलता हो।

इत्तेफ़ाक़ ही था कि छोटू जी और रावत दोनों की पढ़ाई लखनऊ विश्वविद्यालय से हुई थी। रावत जी छोटू जी से उम्र में तीन साल बड़े थे और दो चीज़ों से बेइंतिहा मुहब्बत करते थे। एक, अपनी कुर्सी से और दूसरा, अपनी पसंदीदा गुटके की पुड़िया से। रावत जी इन दो चीज़ों से इतना प्रेम करते थे कि सुबह दस बजे से शाम पाँच बजे तक अपनी कुर्सी को हवा नहीं लगने देते थे। जब तक दफ़्तर में रहते, तब तक कूल्हे कुर्सी पर ही टिकाए रहते। गुटके से तो इन्हें इतना अधिक प्रेम था कि मुँह में चौबीस में से लगभग बीस घंटे गुटका रहता ही था। बस ये मानकर चलिए कि अगर भगवान ने खाना नहीं बनाया होता तो रावत जी दिन-रात गुटका खाकर ही अपना पेट भरा करते। ऐसा लगता था कि भगवान ने उन्हें गुटका खाकर हर जगह पिच्च-पिच्च करने के लिए ही पैदा किया था। रावत जी की एक ख़ास बात यह भी थी कि उनके सावन कभी आए ही नहीं, क्योंकि वो लड़कियों से सपनों में दस व साक्षात बीस फ़ीट की दूरी बनाकर रखते थे या ये कहें कि लड़कियाँ उन्हें दो पैसे का भाव

नहीं देती थीं। कुल मिलाकर रावत जी शुद्ध रूप से सिंगल थे। वो एक नंबर के कामचोर क़िस्म के आलसी व्यक्ति थे, जिनका मानना था कि– 'लापरवाही व्यक्ति में विद्यमान एक विशेष गुण है। जिस व्यक्ति में यह गुण नहीं होता वह एक दिन ख़ुद को चिंता के समक्ष टेककर पागलपन के हवाले कर देता है।'

यही कारण था कि रावत जी कामचोर और लापरवाह होना गर्व से स्वीकार करते थे। उनके दफ़्तर से निकलने की भनक तक किसी को नहीं लगती थी। उनकी दिनचर्या एकदम फ़िक्स थी। सुबह पौने नौ बजे दफ़्तर आना और ठीक शाम पाँच बजे दफ़्तर से निकलकर कमरे पर भाग लेना। छोटू जी और रावत जी बहुत गहरे मित्र तो नहीं हुए थे परंतु दोनों के विचार मिलते-जुलते थे। धीरे-धीरे दोनों में एक अच्छी दोस्ती पनपने लगी थी। छोटू जी को यह बात बहुत पसंद थी कि रावत का लड़कियों से कोई लेना-देना नहीं है। इसी बहाने वो दिन-रात रावत जी को लड़कियों पर ज्ञान बाँटते रहते थे। लंबी-लंबी छोड़कर रावत जी को ऐसा एहसास दिलाना चाहते थे मानो उन्होंने लड़कियों पर पीएचडी कर रखी हो।

उम्र, समय और नौकरीपेशा होने के साथ ही व्यक्तित्व में गंभीरता का बढ़ना सामान्य बात है। छोटू जी का लड़कपन भी कम होने लगा था। बचपन और लड़कपन का एक विशेष गुण यह भी है कि जब तक आप इसे स्वयं में धारण किए रहेंगे तब तक आपकी अंतरात्मा न ही किसी के लिए बुरा सोचेगी और न ही सोचने देगी।

छोटू जी अब काम को गंभीरता से लेने लगे थे। जब व्यक्ति के पास पैसा आने लगता है तो रूप-रंग क्या, साथ-साथ क़िस्मत भी निखरने

लगती है। देखने-भालने में छोटू जी पहले से ही ठीक-ठाक थे और पैसा आते ही चेहरे पर चमक भी आ गई थी। काम-धंधे में समय कैसे बीता पता ही नहीं चला। छोटू जी पच्चीस बरस के हो चुके थे। सरकारी नौकर होने का फ़र्क़ साफ़ दिखाई देने लगा था।

सरकारी नौकरी और कॉर्पोरेट जॉब में मुख्यत: अंतर यह भी है कि जहाँ कॉर्पोरेट जॉब में समय और पैसा बढ़ने के साथ आदमी चप्पल से चमकते लेदर शूज़ पर आता है वहीं पता नहीं क्यों एक सरकारी बाबू या सरकारी मास्टर जी समय और अथाह तनख़्वाह बढ़ोतरी के बाद भी जूतों से चप्पल की ओर आ जाते हैं। फ़िलहाल तो छोटू जी के साथ ऐसा कुछ नहीं था। माँ-बाप को अब क्या चाहिए था, यही कि जल्दी से बेटे के कंधों पर पारिवारिक ज़िम्मेदारियों का बोझ डाल दिया जाए।

भाई-बहन की शादी हो चुकी थी, बस छोटू जी घोड़ी चढ़ने को बाक़ी थे। छोटू जी के लिए कोई योग्य कन्या मिलने के इंतज़ार में पिता जी को न अब ढंग से नींद आए और न ही किसी को सोने दें। रोज़ रात को खाना खाने से लेकर सोने तक केवल और केवल एक ही बात पर चर्चा होती थी, वह थी छोटू जी के विवाह की।

कुँवारेपन से विवाह बंधन में आना एक ऐसी अवस्था है जहाँ आप लड़के/लड़की से सीधा आदमी/औरत वाले क्षेत्र में प्रवेश कर जाते हैं। जो गली-मोहल्ले के छोटे-छोटे बच्चे कल तक भैया-भैया, दीदी-दीदी कहकर पुकारते थे, आज आपको अंकल-आंटी कहने लगते हैं। स्पष्ट है कि ऐसी अवस्था में प्रवेश करने के लिए छोटू जी का दिल और दिमाग़ अभी तैयार नहीं था। वो चाहते थे कि दोस्तों के साथ घूमें-फिरें, मस्ती करें और जीवन का आनंद लें। वैसे भी यह शादी-ब्याह एक बंधन ही है,

अगर इसमें अभी से बँध गए तो सारे सपने धरे-के-धरे रह जाएँगे, ऐसा छोटू जी का मानना था।

छोटू जी एक कामकाजी व्यक्तित्व के आदमी थे। दो चीज़ें बहुत अच्छे से जाने चुके थे, पहली यह कि जो मान-सम्मान ये समाज उन्हें दे रहा था वह दरअसल उन्हें नहीं उनके ओहदे के लिए था, और दूसरी यह कि विशेषतः समाज का हर व्यक्ति (माँ को छोड़कर) आपसे होने वाली एक ग़लती के इंतज़ार में बैठा है ताकि उस तनिक-सी ग़लती को एक अपराध बनाकर आपकी कमाई हुई प्रतिष्ठा को धूमिल किया जा सके।

अध्याय 2

छोटू जी पूरे दो महीने बाद विभागीय प्रशिक्षण लेकर सोनकपुर लौटे थे। सब कुछ जैसा छोड़कर गए थे ठीक वैसा ही था, सिवाय एक चीज़ के। छोटू जी के घर के ठीक सामने शर्मा जी का मकान था जो बहुत समय से बंद पड़ा हुआ था। शर्मा जी काफ़ी समय पहले सोनकपुर छोड़कर दिल्ली-ग़ाज़ियाबाद की तरफ़ शिफ़्ट हो चुके थे और अपना बंद मकान धूल-मिट्टी और मकड़ी के जालों के हवाले कर गए थे। शर्मा जी ने मकान कभी किसी किरायेदार को इसलिए नहीं दिया कि कोई क़ब्ज़ा करके घर-मकान न हड़प जाए और रिश्तेदारों को देने के बारे में कभी सपने में भी इसलिए नहीं सोचा क्यूँकि रिश्तेदार किरायेदार से कहीं ज़्यादा घातक होते हैं। उनसे न ही जेब ख़ाली कराई जा सकती है न ही मकान– यदि मकान किसी रिश्तेदार को किराये पर दिया है तो।

कई सालों से छोटू जी व उनके घरवालों को शर्मा जी के मकान पर ताला और खिड़कियों पर जमी हुई धूल-मिट्टी देखने की आदत पड़ चुकी थी, परंतु आज का दृश्य अलग था। कई सालों बाद मकान में साफ़-सफ़ाई नज़र आ रही थी। चूँकि शर्मा जी और छोटू जी के मकान की छतें एक-दूसरे से बिल्कुल मिली हुई थीं इसलिए छत के छज्जों में

नज़दीकियाँ ऐसी थीं मानो एक-दूजे को चूम ही लेंगे। छोटू जी जब भी अपने घर के छज्जे पर निकलकर आते तो सबसे पहले जिस जगह पर नज़र पड़ती थी वह थी शर्मा जी के मकान की खिड़की का आधा भाग। जिस खिड़की पर अब तक धुंध जमी रहती थी उसके काँच में वो ख़ुद की सूरत देख पा रहे थे। ज़रूर कोई तो मकान में आ गया था। अब शर्मा जी ख़ुद थे या कोई और ये पता चलना अभी बाक़ी था।

छोटू जी झट से नीचे गए और मम्मी को आवाज़ लगाई।

"मम्मी! मम्मी!"

"हाँ, क्या है?"

"अंकल जी वापस आ गए हैं क्या?"

"कौन अंकल जी?"

"अरे सामने वाले शर्मा अंकल।"

"नहीं तो।"

"तो फिर उनके मकान में कौन है?"

"कोई आया है मकान में, किराए पर।"

"पर ये मकान तो बरसों से बंद पड़ा था।"

"हाँ पड़ा तो था।"

"कोई फैमिली है क्या?"

"नहीं, कोई लड़की आई है रहने।"

"लड़की!"

"हाँ, क्यों?"

"नहीं, बहुत दिनों बाद साफ़-सफ़ाई देखी इसलिए पूछ रहा था।"

"अच्छा।"

छोटू जी के कानों के रास्ते जवान दिल तक जैसे ही लड़की शब्द पहुँचा, मन मचलने लगा। स्वाभाविक भी है, अगर स्त्री शब्द सुनकर पुरुष के हृदय में हलचल का भाव न आए तो अवश्य ही उसे किसी वैद्य-हकीम को दिखाना बनता है। मगर छोटू जी पुराने खिलाड़ी थे। उनके मन में लालसा उत्पन्न होने लगी कि आख़िर ये लड़की है कौन! कैसी दिखती है, क्या करती है, वग़ैरह-वग़ैरह!

अगली सुबह का वक़्त था। सवेरे-सवेरे छोटू जी एक हाथ में चाय का कप, दूसरे में लोहे की पुरानी कुर्सी लिए और बग़ल में अँग्रेज़ी अख़बार दबाए घर के छज्जे पर आ बैठे। यह छोटू जी की दिनचर्या में शामिल था। ऐसा नहीं था कि अख़बार पढ़ना बहुत ज्ञानवर्धक होता है या उन्हें अख़बार पढ़ने का बहुत अधिक शौक़ था। दरअसल, छोटू जी के घर के सामने एक गर्ल्स हॉस्टल था और सुबह की गर्म चाय के साथ अद्‍भुत सुंदरता-पान का जो मज़ा था, वह कहीं और मिल पाना संभव नहीं था। स्वयं अख़बार भी इस बात का साक्षी रहा है कि वह एक युग से पढ़ने के कम और दिखाने (स्टेटस सिंबल) के ज़्यादा काम में आया है।

छोटू जी अब हर रोज़ चाय की चुस्की के साथ अँग्रेज़ी अख़बार लेकर छज्जे पर आते तो अवश्य थे, पर दोनों में से एक भी आँख अख़बार पर नहीं रहती थी। एक आँख से वो गर्ल्स हॉस्टल से निकलती हुई सुंदरता का सेवन करते थे तो एक आँख शर्मा जी की खिड़की पर लगी रहती थी। कई बार खिड़की पर कुछ हलचल नज़र आती मगर कोई दिखाई नहीं देता।

खिड़कियों पर एक बड़ी ज़िम्मेदारी होती है, आख़िर वो सँभालें तो क्या-क्या सँभालें! बाहर के लोग जब कुछ बोलें तो कान पर परदे

डालने के बजाय खिड़कियों पर डाल दिए जाते हैं। कोई प्यार में गली के चक्कर लगाए तो दिन-रात इन्हें खुला रखा जाता है। वहीं खिड़कियाँ बंद होने पर घर में हवा न आए तो इन्हें कुसूरवार ठहराया जाता है, खुली होने पर धूल-मिट्टी अंदर आए तो भी इन्हें कुसूरवार ठहराया जाता है। घर में रोशनी का ख़याल रखना इनकी ज़िम्मेदारी, घर की आवाज़ें बाहर नहीं जाने देना इनकी ज़िम्मेदारी, और तो और, घर में चोरी तो चोर करें फिर भी ज़िम्मेदार खिड़कियाँ हो जाती हैं। यानी एक खिड़की के खुले रह जाने पर दुनिया का इधर से उधर हो जाना तक संभव है।

रोज़ की तरह आज भी छोटू जी बाहर निकले और सामने नज़र पड़ी। छज्जे पर एक लड़की खड़ी थी जिसे देखकर छोटू जी के दिल की धड़कन में तेज़ी आ गई। रोज़ की तरह छोटू जी कुर्सी पर इस तरह जा बैठे जैसे किसी से कोई लेना-देना था ही नहीं। तिरछी निगाहों से छुप-छुपकर सामने खड़ी लड़की की ओर ही देख रहे थे। लड़की सलवार-सूट पहने बाईं ओर मुँह करके खड़ी थी। शरीर काफ़ी हरा-भरा नज़र आ रहा था, लंबाई भी छोटू जी से मात्र दो-तीन इंच ही कम होगी। छोटू जी तिरछी निगाह से टकटकी लगाए उधर ही देखे जा रहे थे। आहट हुई तो लड़की ने पलटकर देखा। दोनों की नज़रें एक-दूसरे पर पड़ीं तो लड़की ने नज़र हटा ली। मगर छोटू जी की नज़र लड़की पर ही टिककर रह गई। किसी तरह ख़ुद पर नियंत्रण बनाते हुए उन्होंने अपनी निगाह लड़की पर से हटाई। उधर लड़की बिना कोई प्रतिक्रिया दिए अंदर चली गई। वैसे छोटू जी एक अच्छे पड़ोसी की तरह मुस्कराकर लड़की को हाय-हैलो करके स्वागत और अभिनंदन करना चाहते थे, मगर करते कैसे!

उन्होंने ख़ुद से बात करना शुरू कर दिया– 'यार मुझे कुछ कहना

चाहिए था। हाय-हैलो तो कर ही सकता था, मगर करता कैसे! क्या पता मैं कुछ कहता और उधर से कोई जवाब ही नहीं आता! फिर तो बड़ी बेइज़्ज़ती हो जाती। मेरी हाय-हैलो स्वीकार ही न करती तो! वैसे भी किसी से अपने मन की बात कहने लिए कोई तो संबंध होना ही चाहिए न!'

न जाने कितने ही सवाल बेवजह छोटू जी के दिमाग़ में घूमने शुरू हो गए थे। वो ख़ुद से बातें करने में व्यस्त थे।

'मैं पुकारूँगा क्या कहकर ! वैसे उमर इतनी ज़्यादा नहीं लग रही है कि आंटी कहूँ। और न ही इतनी कम है कि खुलकर हैलो-हाय करना शुरू कर दूँ! ज़्यादा नहीं तो मुझसे दस-ग्यारह साल ही बड़ी होगी। अरे दस साल का अंतर कोई अंतर थोड़ी होता है! होता है क्या?'

उन्होंने पहली झलक पाने के बाद ही इतना सब सोचना शुरू कर दिया था कि दस-ग्यारह साल का अंतर भी उन्हें अब बहुत ज़्यादा नहीं लग रहा था। वो अभी भी एक उधेड़बुन वाले अंतर्विचार में लगे हुए थे।

'कुछ भी हो, थी तो बहुत सुंदर! और मैं भी एक नंबर का गधा हूँ जो घूर-घूरकर देखता ही जा रहा था, देखता ही जा रहा था। मगर वो तो अपने में ही मगन थी। गमले में पानी देने में इतनी व्यस्त थी मानो किसी को जीवन दे रही हो। उसका सारा ध्यान उन मुरझाए हुए फूलों पर था, कोई मतलब ही नहीं आस-पास कौन है कौन नहीं। फिर भी यार थी बहुत ही ख़ूबसूरत, एकदम अद्‌भुत! मानो आँखों में करोड़ों रहस्य छिपा रखे हों! बस होंठों पर एक मुस्कान होती तो क्या बात थी!'

बिना मुस्कान के चेहरा समंदर की ऊपरी सतह जैसा लगता है, ख़ूबसूरत तो बहुत होता है मगर दूर-दूर तक एक अजीब-सा ख़ालीपन।

छोटू जी मन ही मन कह रहे होते हैं कि एक बार मुस्करा देती तो समंदर के अंदर छुपे जीवन की झलक दिख जाती। उन्हें कहीं-न-कहीं ऐसा भी लग रहा था जैसे ये सूनापन और ये मायूसी उसने अपने चेहरे पर चाहकर धारण कर रखी थी।

हमेशा प्रसन्न रहना और मुस्कराना वहीं तक सार्थक है जहाँ आपकी अंतरात्मा आपके इस दिखावे का मज़ाक़ न उड़ाए। हो सकता है इस लड़की को अकेलेपन से ही प्रेम हो। अकेलेपन से प्रेम हो जाने का भारी नुक़सान यह है कि विश्व की अच्छी-से-अच्छी, प्रसन्न-से-प्रसन्न, सुंदर-से-सुंदर और प्रफुल्लित-से-प्रफुल्लित वस्तु या प्राणी भी मन में बसे अकेलेपन की जगह नहीं ले सकता। वह स्वयं में सर्वोच्च और सर्वानंद है।

बाक़ी सब तो ठीक था पर बात फिर वहीं आकर रुक गई कि अगर बात शुरू भी हुई तो कहेंगे क्या? नाम पता नहीं था और पता भी होता तो भी नहीं ले सकते थे क्योंकि उम्र में बड़ी थी। आंटी कह नहीं सकते, क्योंकि इतनी भी बड़ी नहीं थी, और सबसे महत्त्वपूर्ण है कि दीदी उसे कहना नहीं चाहते।

नि:संदेह व्यक्ति की इच्छाओं का कोई अंत नहीं है। अभी तक एक दर्शन की तरस थी, अब दीदार हो गया था तो हर समय ऐसा लग रहा था जैसे शर्मा जी की बालकनी का दरवाज़ा किसी ने खोला हो। आजकल उनका दिन भर में दस-बारह बार बालकनी पर टहलना हो रहा था। अब तो उन्होंने दिन का खाना भी दफ़्तर के बजाय घर पर ही शुरू कर दिया था। मम्मी भी सोच में थीं कि अचानक ये दिन में दफ़्तर से खाना खाने के लिए कैसे आने लगा!

वैसे तो सोनकपुर बहुत छोटा-सा क़स्बा था, किसी के बारे में ख़बर निकालना बहुत ही आसान था, पर वो कहावत है न कि– 'जब किसी को ढूँढ़ना हो तो ये दुनिया बहुत बड़ी हो जाती है', आजकल छोटू जी वैसा ही महसूस कर रहे थे। नज़रें जिसे ढूँढ़ रही थीं वह दिखाई ही नहीं दे रही थी।

छोटू जी का मूड आज अच्छा था। ख़ुश मन से वो दफ़्तर पहुँचे। रावत जी के पास पहुँचकर बेसब्री से अपने मन की बात कहना शुरू किया।

"रावत, ओ भाई रावत जी!"

"हम्म!"

"भाई, एक बात बताऊँ?"

"हम्म!"

"यार तू गुटका मुँह से थूक पहले।"

"हम्म... हम्म..."

"क्या हम्म-हम्म?"

"बोल न क्या है, मैं सुन रहा हूँ।" गुटका मुँह में भरे हुए ही रावत जी तुतलाते हुए बोले।

"तू पहले गुटका थूक।"

गुटका थूकते ही रावत जी फट पड़े, "क्या है! पच्चीस रुपये नाश करा दिए मेरे!"

"ये ले रुपये, थोड़ी देर बाद खा लेना ये ज़हर।"

"हाँ-हाँ बता क्या हुआ?"

"भाई, मेरे घर के सामने एक लड़की आई है।"

"अच्छा! तो?"

"तो क्या बे! बड़ी अच्छी है और सुंदर भी!"

"ठीक है, मगर तुझे कैसे पता अच्छी है?"

"अबे पहचान है मुझे लड़कियों की।"

"अच्छा बेटा, पीएचडी की हुई है क्या लड़कियों पर?"

"हाँ की है, तो?"

"अच्छा, तो थ्योरी-थ्योरी करी है या प्रैक्टिकल भी किए हैं?"

"यार, तू बेमतलब की बातें मत कर।"

"अच्छा बेटा, अब हमारी बातें बेमतलब हैं! बिना प्रैक्टिकल के पीएचडी कैसे होगी भाई?"

"अबे मज़ाक़ छोड़ यार, सुन तो!"

"चल बता, क्या है?"

"अबे बड़ी सुंदर लड़की है!"

"करती क्या है, पढ़ती है क्या?"

"नहीं।"

"तो फिर?"

"अबे पता नहीं। वैसे तो लगता है नौकरी करती होगी!"

"अच्छा कितनी बड़ी है?"

"देखने में तो लगता है पैंतीस या छत्तीस की होगी।"

"स्साले, लड़की नहीं आंटी कहते हैं उसे।"

"यार तू पागल है! ऐसा कुछ नहीं है।"

"अच्छा बेटा, देख ले, पता चले बाद में पैंतीस साल की आंटी के साथ एक दस साल का बच्चा भी हो।"

“यार मज़ाक़ मत कर।”

“चल अच्छा ठीक है। करना क्या है, ये बता।”

“यार पता लगाना है कि क्या करती है और यहाँ कैसे आई! किराये पर रहती है, इसका मतलब घर तो उसका यहाँ पर है नहीं और बाहर की रहने वाली है!”

“हाँ तो पता लगाकर तुझे क्या करना है? ब्याह रचाना है क्या?”

“यार मुझे वह बड़ी अच्छी लगी, बस।”

“अबे काम कर ले और मुझे भी करने दे। देख मैन साब घूर रहे हैं।”

“देखने दे, उसके हिसाब से तो रज़ाई-गद्दा यहीं दफ़्तर में लेकर आएँ और रात का काम ख़त्म करके यहीं सो जाएँ। फिर सुबह उठकर पीछे बने सड़े गुसलख़ाने में नहाएँ-धोएँ और फिर चालू हो जाएँ।”

“हाँ, ये बात तो तुम सही बोले।”

तभी लंबी लाइन में खड़े एक आदमी ने रावत जी को टोका, “भाई साहब! ओ भाईसाहब! काम करो यार, जब से बातें किए जा रहे हो, यहाँ पर लाइन लंबी हो गई है।”

रावत जी तुरंत झल्लाकर बोले, “अबे ज़रूरी डिस्कशन चल रहा है, दिख नहीं रहा? आँखें बंद हैं या हैं ही नहीं? ज़्यादा जल्दी है तो अपने घर पर एक पर्सनल डाकख़ाना खुलवा लो, फिर रोज़ पोस्टकार्ड भेजते रहना अपने ही पते पर, घर बैठे, आई समझ? क्या आफ़त है यार! एक तो ये मैनेजर, ऊपर से ये ग्राहक हैं, स्साले हमेशा सरकारी कर्मचारी को कामचोर ही समझते हैं।”

रावत जी उस ग्राहक को पर्ची पकड़ाते हुए बोले, “ये पकड़ो अपनी

पर्ची, और अगली बार से यहाँ आओ तो समय निकाल के आना। ऐसा न आ जाना कि फूफा के लौंडे का ब्याह छूटा जा रहा है।"

"अरे उस पर क्यों भड़क रहा है ? आप जाओ भाई साहब, दरअसल ये थोड़े परेशान हैं।" छोटू जी ने ग्राहक से कहा।

ग्राहक के जाने के बाद दोनों ख़ूब हँसे। छोटू जी ने लड़की के बारे में सारी बातें बताईं। रावत जी इस इंतज़ार में थे कि कब ये अपनी गाथा ख़त्म करे और मैं इसी के दिए पच्चीस रुपये का पान मसाला लेकर आऊँ।

वैसे सरकारी विभाग के बाबू की इज़्ज़त तो करोड़पति से लेकर भीख माँगने वाला भी करता है, क्योंकि समाज के छोटे-छोटे लोगों के बड़े-बड़े काम और बड़े-बड़े लोगों के छोटे-छोटे काम में सरकारी बाबुओं की अहम भूमिका होती है।

अध्याय 3

सुबह हो चुकी थी, छोटू जी अपनी जान से भी प्रिय नींद के आग़ोश में बिस्तर पर पड़े हुए थे। सुस्ती चरम पर थी। वैसे सुबह-सुबह की नींद में जो नशा होता है वह सौ बरस पुरानी मदिरा में भी नहीं होता। दिमाग़ और आँखें एक-दूसरे के विरुद्ध शंखनाद करने को तैयार रहते हैं। जहाँ दिमाग़ आँखों को खुलने का हुक्म दे रहा होता है, वहीं आँखें विद्रोह का बिगुल फूँके हुए होती हैं। ख़ूबसूरत ख़्वाबों से पटे हरे-भरे मैदान में हो रहे नींद व दिमाग़ के इस युद्ध में हमेशा नींद की ही विजय होती है।

लेकिन आज नहीं।

छोटू जी के कानों में एक कठोर-सी आवाज़ चुभी और आँखों को अंततः खुलना ही पड़ा। नींद जब एक ऐसी अवस्था में हो, जहाँ न तो आँखें पूर्ण रूप से खुली हों ना ही बंद तो कील के गिरने की आवाज़ भी परमाणु बम जैसी लगती है। ऐसे में कोई छोटू जी के घर का दरवाज़ा खटखटा रहा था। उन्होंने झुँझलाकर मम्मी-पापा को दो-तीन आवाज़ें दीं, फिर ख़ुद ही बेमन से बड़-बड़ करते हुए बाहर निकलकर आए तो देखा कि कोई नीचे खड़ा था। बिना साँस लिए वो ऐसे दरवाज़ा बजा रहा था मानो घर में नई शादी हुई हो और ढोलक पीटी जा रही हो। मतलब रुकने

का नाम ही नहीं था। मेहमान चाहे बुलाए हुए हों या बिन बुलाए, दरवाज़े पर आकर कुंडी बजाने में इतना मगन हो जाते हैं जैसे अंदर वाला चल के नहीं उड़ के आ जाएगा।

"हाँ जी, बोलिए किससे मिलना है ?"

"भाई साहब, मैडम से... यहीं पर रहती हैं न ?"

"कौन-सी मैडम ?" ग़ुस्से में छोटू जी ने पूछा।

"टीचर मैडम।"

"नहीं भैया... यहाँ कोई मैडम नहीं रहती। कम-से-कम पता तो सही से किया करो यार।"

"जी माफ़ कीजिए!"

"क्या माफ़ कीजिए! सारी नींद गड्ढे में जा घुसी मेरी!"

भाई साहब ने एक बार फिर से माफ़ी माँगी और वापस चल दिए। छोटू जी गेट बंद करके सीढ़ियों पर चढ़े ही थे कि आँखों पर रखी थोड़ी-बहुत नींद भी फुर्र हो गई। कहीं ऐसा तो नहीं कि सामने वाली लड़की ही टीचर मैडम हो!

छोटू जी ने तुरंत नीचे की और दौड़ लगाई, जाते हुए व्यक्ति को रोका और वापस आने का इशारा कर बोले, "ओ भाई! ओ बड़े भाई सुनो ज़रा।"

"जी, भाई साहब!"

"सामने वाला दरवाज़ा खटखटाओ तो ज़रा। जिन्हें आप ढूँढ़ रहे हैं वो शायद सामने रहती हैं।"

"अच्छा-अच्छा, जी बहुत धन्यवाद आपका!"

"अरे यार सारे धन्यवाद अभी ही कर दोगे क्या! पहले घंटी तो

बजाओ।" इतना कहकर छोटू जी ख़ुद अपने दरवाज़े की आड़ में छुप गए और उस लड़की के दरवाज़े की ओर देखने लगे। व्यक्ति ने घंटी बजाई, मगर कोई निकलकर नहीं आया।

"भैया कोई आ नहीं रहा है।" आगंतुक ने कहा।

"यार... बड़ी जल्दी है तुम्हें! सबर रखो थोड़ा, अब उड़ के तो आएगा नहीं कोई।"

आदमी फिर से खटखटाने ही वाला था कि किसी के ऊपर से नीचे आने की आहट हुई। वही लड़की ज़ीने से झाँकती हुई दिखी जिसकी आस में छोटू जी आजकल रहते थे।

उस लड़की को देखते ही उस व्यक्ति ने कहा, "मैडम नमस्ते!"

"नमस्ते!" लड़की ने बहुत धीमे से उत्तर दिया।

"आप कविता मैडम हैं न?"

"जी हाँ, कहिए।"

"मेरी बिटिया आठवीं कक्षा में है, आपकी क्लास में ही पढ़ती है।"

"जी हाँ, तो?"

"मुझे उसकी ट्यूशन की बात करनी थी, क्या आप पढ़ा सकती हैं?"

"जी माफ़ कीजिए, मैं ट्यूशन नहीं देती।" दो क्षण सोचने के बाद कविता मैडम ने कहा।

"मैडम, देख लीजिए अगर हो पाए तो... पढ़ाई में बड़ी कमज़ोर है मेरी बिटिया।"

"जी नहीं, बहुत माफ़ी कि आपको निराश कर रही हूँ। मगर मैं ट्यूशन नहीं देती।"

"जी ठीक है... कोई बात नहीं। धन्यवाद! नमस्ते!"

जैसे ही लड़की वापस ज़ीने की ओर जाने लगी, उसकी नज़र सामने पड़ी। उसने देखा है कि छोटू जी चुपके से झाँककर बातें सुन रहे थे। आभास होते ही, झट से छोटू जी पीछे हट गए। बिना कोई प्रतिक्रिया दिए लड़की ने एक नज़र देखा और ऊपर चली गई।

ऐसा कोई ख़ास अवसर तो नहीं था, पर छोटू जी को बहुत ख़ुशी थी कि वो अब कम-से-कम सामने वाली का नाम तो जानते थे। ख़ुश होने के साथ वो यह भूल भी रहे थे कि वो पल, वो क्षण, वो अहसास जो सर्वाधिक लुभाते हैं, होंठों पर मुस्कराहट ले आते हैं, भविष्य में वही सबसे ज़्यादा आँसुओं का कारण भी बनते हैं।

छोटू जी अब यह भी जानते थे कि वो लड़की करती क्या है। फिर भी परेशानी अब भी जस-की-तस बनी हुई थी कि उससे बात कैसे की जाए ! लड़की बिल्कुल अकेली रहती थी, किसी से मिलती-जुलती नहीं थी, न ही किसी से बात करती थी। वो ऐसी क्यूँ थी यही जानना छोटू जी के लिए किसी चुनौती से कम नहीं था। जो व्यक्ति मिलनसार ही ना हो, उससे ख़ुद बातों की शुरुआत कैसे की जाए। इसके साथ ही जो बात छोटू जी के मन में बहुत चुभ रही थी वह यह थी कि इतनी सुंदरता होने के बाद भी उसके ख़ूबसूरत चेहरे पर तनिक भी मुस्कराहट नहीं दिखाई दी। अपने मुखड़े से मुस्कराहट को इतना दूर रखना, क्या यह ईश्वर की दी हुई सुंदरता का अपमान नहीं है ? शायद हाँ। पर वो कर भी क्या सकते थे।

कुछ देर बाद छोटू जी ने अपनी मोटरसाइकिल उठाई और रावत जी के कमरे पर जा धमके। छुट्टी का दिन था और रावत जी आराम फ़रमा रहे थे। ठीक वैसे ही जैसे उन्हें पसंद था, अर्थात आलसी घड़ियाल की

तरह बिस्तर में पड़े रहना। ऐसे में छोटू जी अपनी गाथा लेकर उनके कमरे पर जा पहुँचे।

"रावत, कहाँ है भाई तू?"

"अंदर हूँ, आ जा।"

"गेट खोल जल्दी।"

"क्यों तू मरने वाला है क्या अभी?"

"हाँ, बात तो ख़ुशी के मारे मर जाने वाली ही है।"

"ऐसा है तो रुक... दरवाज़ा खोलता हूँ, फिर साथ में मरेंगे।" रावत जी बड़ी ही बेफ़िक्री के साथ धीमी चाल से आकर दरवाज़ा खोलते हैं।

"छोटू जी झट से कूदकर अंदर आते हैं और बोलते हैं, "भाई, कविता नाम है उसका।"

"उसका किसका?"

"अबे वही!"

"वही कौन?"

"स्साले तेरा दिमाग़ कमज़ोर है क्या? वही जिसके बारे में दस दिन पहले बात की थी तुमसे।"

"दस दिन पहले की बात कैसे याद रहेगी मुझे?"

"अबे याद कर... जब तुझे गुटका थूकना पड़ा था पच्चीस रुपये वाला। कुछ याद आया?"

"अच्छा-अच्छा... हाँ आ गया... वही आंटी ना... उसी का नाम है क्या कविता?"

"ओए! आंटी मत बोल।"

"क्यों, छत्तीस साल की महिला को आंटी नहीं तो क्या सोलह बरस

की लड़की कहूँ?"

"बकवास मत कर! सुन, वो एक टीचर है।"

"अच्छा! मुबारक हो! फिर तो मैडम कमाऊ निकली!"

"हाँ, मगर भाई, मैं क्या करूँ? जब भी दिखती है कोई प्रतिक्रिया तो देती ही नहीं।" छोटू जी कुछ उदास होते हुए कहते हैं।

"ऐसा न हो उसका पति-वति हो और तू प्रतिक्रिया के चक्कर में पिट-पिटा जाए कहीं!"

"नहीं यार... शादी तो नहीं हुई है उसकी, ये तो कन्फ़र्म है।"

"तुझे कैसे पता?"

"यार उसे देखकर चल जाता है पता।"

"ऐसा है तो उससे बोल दे कि जल्दी ही शादी कर ले, वरना उम्र निकल जाएगी।" रावत जी हँसते हुए कहते हैं।

"हमेशा मज़ाक़ करना ज़रूरी है क्या यार? मामले की गंभीरता को समझ भाई! तू ये बता मैं बात कैसे करूँ उससे?"

काफ़ी देर तक सोचने के बाद रावत जी ने कहा, "देख, हो सकता है वो तुझे बच्चा समझती हो या सोचती हो कि तू ऐसे ही लफंगा टाइप लड़का है।"

"हाँ तो?"

"तो कुछ ऐसा कर कि उसे पता चल जाए कि तू भी सरकारी नौकर है, तेरा भी कोई सोशल स्टेटस है।"

इस बात पर छोटू जी सर हिलाते हुए हामी भरते हैं, "हम्म! बात तो सही है। चल तू कीचड़ में पड़े सूअर के जैसे आनंद ले, मैं चलता हूँ।"

"मगर सुन तो, कहाँ चला?"

"घर... बाक़ी कल दफ़्तर में मिलते हैं।" इतना कहकर छोटू जी ने दौड़ लगा दी।

अब छोटू जी ने रावत जी की राय पर अमल करने का निर्णय लिया और इस सोच में लग गए कि कविता तक ये बात कैसे पहुँचाई जाए कि वो कोई आवारा-लफंगा या ऐरा-गैरा पुरुष नहीं, बल्कि एक कमाऊ पूत हैं। काफ़ी सोचने के बाद दिमाग़ में एक विचार आया। छोटू जी ने जल्दी से अपनी मोटरसाइकिल स्टार्ट की और बाज़ार की ओर निकल पड़े। अपनी मोटरसाइकिल साँय-साँय दौड़ाते हुए शकील भाई की दुकान पर पहुँचे। शकील भाई छोटू जी कि मोटरसाइकिल की मरम्मत वग़ैरह का काम देखते थे। छोटू जी को देखते ही शकील भाई तुरंत उठ खड़े हुए, आख़िर बड़े बाबू आए थे। बैठने को कुर्सी दी और एक गिलास पानी मँगाकर पूछा कि क्या सेवा कर सकते हैं? छोटू जी ने कहा कि काम तो बहुत बड़ा नहीं है, बस वो अपनी मोटरसाइकिल की अगली प्लेट पर डाक विभाग लिखवाना चाहते हैं।

शकील भाई ने कहा, "बाबू जी बिल्कुल लिख दूँगा, मगर आपको तो पूरा सोनकपुर जानता ही है, फिर लिखवाने की क्या ज़रूरत है। डाक विभाग का वाहन देख कहीं चोर-उचक्के पीछे लग गए तो?"

छोटू जी ने मुस्कराकर कहा, "शकील भाई, सरकारी कर्मचारी हूँ तो क्या अमीर ही होऊँगा? ये चोर-उचक्के भी बिल्कुल दिमाग़ नहीं लगाते। अगर मैं इतना ही पैसे वाला होता तो क्या इस दोपहिया पर घूमता? ये अलग बात है कि सरकारी बाबू की इज़्ज़त तो अरबपति-करोड़पति से लेकर चोर-उचक्के तक करते हैं क्योंकि समाज के छोटे-छोटे लोगों के बड़े-बड़े काम हों या बड़े-बड़े लोगों के छोटे-छोटे काम, सब सरकारी

बाबुओं के हाथ के नीचे से होकर ही निकलते हैं।"

शकील भाई ने सिर खुजाते हुए हामी भरी और बोले, "जी बाबू जी, जैसी आपकी आज्ञा।"

थोड़ी ही देर में छोटू जी अपनी मोटरसाइकिल पर बड़े-बड़े अक्षरों में डाक विभाग लिखवाकर घर पहुँचे और मोटरसाइकिल ठीक अपने मेन गेट पर लाकर खड़ी कर दी। प्लान का पचास प्रतिशत हिस्सा पूरा हो चुका था, अब तो बस इस ताक में थे कि कब कविता अपने घर का गेट खोलने या बंद करने आए और उसकी नज़र मोटरसाइकिल पर पड़े। कविता के आने-जाने का समय तो छोटू जी ने अपने दिमाग़ में उतार ही रखा था। वो जान-बूझकर उसी समय मोटरसाइकिल निकालकर गली में बाहर खड़ी किया करते जब कविता के स्कूल आने-जाने का समय होता। परंतु कई दिनों के प्रयासों के बाद भी कविता ने छोटू जी और उनकी मोटरसाइकिल पर कोई ध्यान नहीं दिया।

कविता अपने ज़ीने से नीचे अपना गेट बंद करने आती, घर के बाहर भी काम से इधर-उधर जाया करती, पर उसकी नज़रें हमेशा नीचे ही रहा करती थीं। उसे न तो कोई यहाँ सही से जानता था और न ही कविता को किसी से कोई ख़ास मतलब था।

छोटू जी के सारे उपाय बेकार साबित हो रहे थे। अब तो उन्हें यह भी लगने लगा था कि वो बेवजह ही प्रयास करने के साथ-साथ अपना बहुमूल्य समय भी बरबाद कर रहे हैं। उन्हें कविता अच्छी लगती थी और उससे बात भी करना चाहते थे, मगर पहले की तरह आज भी प्रश्न वही था कि करें तो करें कैसे!

प्रश्नों की दुनिया का एक क़द्दावर अभिनेता रहा है जिसका नाम

है– 'क्या'। इस क्या से ना तो कोई जीत पाया है, न ही इसे कोई हरा पाया है।

भले ही छोटू जी के सारे प्रयास निरर्थक साबित हो रहे थे, परंतु अब भी उनकी सुबह की चाय से लेकर रात का खाना तक घर की बालकनी पर हो रहा था। उनका बस चलता तो बालकनी पर ही खटिया डालकर सो भी जाया करते, परंतु हर दिलजले आशिक़ का दिल जितना माशूक़ा के बाप या बड़े भाई का नाम सुनकर धड़कता है, उससे कहीं ज़्यादा माशूक़ा को देखने की चाह में भी तड़पता है। छोटू जी रोज़ की भाँति छज्जे पर सामने नज़रें टिकाए खड़े थे, तभी एक जानी-पहचानी सी सूरत कविता के गेट पर नज़र आई। ध्यान से देखा तो याद आया कि ये तो रामचंद्र भैया हैं, पर ये कविता के दरवाज़े पर क्या कर रहे थे, यह समझना कठिन था। इसी जिज्ञासा में छोटू जी झट से नीचे आए और रामचंद्र को आवाज़ लगाने लगे, "भैया नमस्ते!"

"जी नमस्ते!"

"भैया पहचाना?"

रामचंद्र थोड़ा दिमाग़ पर ज़ोर देते हुए कहते हैं, "ना, नहीं तो!"

"भैया, मैं बाल विद्या मंदिर में पढ़ा हुआ हूँ, आप शायद नहीं पहचान पाओ, मगर मैं आपको पहचान गया। आप रामचंद्र भैया हैं न?"

"हाँ बच्चे।"

"भैया, मैं यहीं रहता हूँ। आइए घर चलिए, एक कप चाय पीते जाइए।"

"अरे नहीं बेटा, मुझे पहचानने और चाय पूछने दोनों के लिए बहुत धन्यवाद! मैं थोड़ा जल्दी में हूँ।"

"आप यहाँ कैसे?" कविता के बारे में जानने की इच्छा लिए हुए छोटू जी पूछते हैं।

"ये मैडम हैं न, अपने स्कूल में ही तो पढ़ाती हैं।"

"क्या? अपने स्कूल में?" चौंकते हुए छोटू जी बोले।

"हाँ, अपने स्कूल में ही शिक्षिका हैं, हिंदी की।"

"अच्छा!"

"बेटा, मैं चलता हूँ वरना देर से पहुँचने पर प्राचार्य जी बहुत ग़ुस्सा करते हैं।"

"जी भैया, वैसे अब प्राचार्य जी कौन हैं?"

"अब रामजी पांडे हैं।"

पांडे जी का नाम सुनते ही छोटू जी ने अपने गाल पर हाथ रखा और भैया जी को नमस्ते कर जाने दिया। बचपन में पांडे जी से जो किलो के भाव मार खाई थी वो सब एक क्षण में रामचंद्र याद दिला गए थे।

इसके साथ ही छोटू जी की परेशानी का हल भी निकल आया। परिस्थितियाँ अगर सवाल खड़ा करती हैं तो जवाब भी उन्हीं परिस्थितियों के बीच छुपा होता है। क़िस्मत से छोटू जी भी कभी उसी स्कूल में पढ़ा करते थे जहाँ कविता अब पढ़ाया करती है।

छोटू जी के मन में आया कि क्यों न अपने पुराने स्कूल में होकर आया जाए, पुराने अध्यापकों से मिलकर उन सभी का धन्यवाद किया जाए। क्योंकि वास्तव में आज वो जो कुछ भी हैं वह शिक्षकों के दिए ज्ञान का ही तो नतीजा था। ख़ासकर सुंदर मास्टर जी की मेहनत उन्हें यहाँ तक लाने में बहुत मददगार रही थी। उन्होंने भले ही छोटू जी की ख़ूब कुटाई की हो, मगर उनका मार्गदर्शन उनके भविष्य के लिए बहुत

ही लाभकारी रहा था। क्या पता अब भी सुंदर मास्टर जी वहाँ पढ़ाते होंगे या नहीं।

ईश्वर के मंदिर से बेहतर है शिक्षा का मंदिर, क्योंकि हमें ईश्वर के अस्तित्व का ज्ञान भी इसी मंदिर ने दिया है। अगर यह विद्यालय अस्तित्व में न होता तो शायद आदमी मंदिर और मयख़ाने का फ़र्क़ ही न समझ पाता। प्रसाद को पाने की चाह में मंदिर में भीड़ होती है और शराब को पाने की चाह में मयख़ाने में। मंदिर में लोग प्रभु के नशे में खोए होते हैं, मयख़ाने में लोग बोतल के नशे में खोकर ख़ुद को भगवान से कम नहीं समझते। जैसे भगवान को पाने के बाद कोई और चाह बचती ही नहीं है, ठीक वैसे ही शराब पीने के बाद भी कोई और चाह बाक़ी नहीं रहती। एक विद्यालय अच्छाई और बुराई के बीच का अंतर जीवन में स्पष्ट करता है।

छोटू जी मन-ही-मन सोच रहे थे कि सुंदर मास्टर जी को जब पता चलेगा कि मैं मेहनत करके अपने पैरों पर खड़ा हो गया हूँ तो वह स्कूल के सभी शिक्षकों व शिक्षिकाओं को ज़रूर बताएँगे कि ये मेरा पढ़ाया हुआ बालक आज सफल हो गया है। हो सकता है कि यह बात कविता को भी पता चले।

कुल मिलाकर छोटू जी का दिमाग़ पूरी तरह कविता के इर्द-गिर्द ही घूम रहा था। उन्होंने अपने दिमाग़ को शाबाशी दी और सोचा कि कविता को अपनी क़ाबिलियत दिखाने का इससे अच्छा मौक़ा उन्हें नहीं मिलेगा। वो झट से रावत जी के पास पहुँचे।

"भाई कहाँ है?"

"हम्म!"

"अरे क्या हम्म ?"

"हम्म!" रावत जी फिर हम्म बोले, दबी हुई तोतली आवाज़ में।

"अबे गुटका थूक पहले।" छोटू जी झल्लाए।

"ना... तू बोलता जा मैं सुन रहा हूँ।" गुटका चबाते हुए रावत जी बोले।

"कल की छुट्टी ले ले।"

"क्यों ?"

"कल पिक्चर देखकर आएँगे और एक काम भी है।"

"अच्छा, पचास रुपये गुटके के लिए भी लूँगा।"

"ठीक है। कल का पक्का रहा।"

"ठीक है... मगर काम क्या है ?"

"अरे गुटका दिला तो रहा हूँ ना, अब काम मैं कल बताऊँगा। अभी मैं जा रहा हूँ, पापा खोज रहे होंगे मुझे। चल कल मिलते हैं।"

छोटू जी घर आकर, खाना खाकर बालकनी पर आकार लटक गए। वो सोच रहे थे कि किसी-न-किसी तरह कविता की एक झलक पा जाएँ ताकि कल अगर संयोगवश स्कूल में वो कहीं दिख जाए तो उसे पहली ही बार में पहचाना जा सके। परंतु हर बार की तरह ही इस तरकीब में भी उन्हें सफलता नहीं मिल पाई। कविता उस शाम बाहर टहलने ही नहीं आई। वो काफ़ी इंतज़ार के बाद कुछ न मिल पाने वाली निराशा को समझना व पचाना भी सीख चुके थे। रात भी हो चुकी थी, मगर नींद आने तो तैयार नहीं थी।

छोटू जी को ख़ुद से बातें करना बहुत पसंद था। जब वह ख़ुद को किसी असमंजस वाली स्थिति में पाते तो ख़ुद से बातें करना शुरू कर

देते थे। आज वही स्थिति पुनः उनके सामने थी और ख़ुद से बतियाने को मजबूर थे।

'कल स्कूल जाऊँगा तो पहनूँगा क्या? पैंट-शर्ट पहनकर स्टूडेंट बनकर जाऊँ या जीन्स और टी-शर्ट पहनूँ? थोड़ा स्टाइलिश बनकर जाऊँ या कुछ और... ऐसा करता हूँ, जीन्स पहनकर जाता हूँ जो नई वाली ख़रीदी है अभी तीन दिन पहले और लाल रंग वाली टी-शर्ट, उसमें अच्छा लगूँगा पक्का... मगर कविता मुझे उन कपड़ों में बच्चा तो नहीं समझेगी? वैसे भी मैं उन कपड़ों में कम उमर का लगता हूँ। कम-से-कम ये लगना चाहिए न कि मैं नौकरी करता हूँ। नहीं, जीन्स और टी-शर्ट नहीं, पैंट-शर्ट पहनकर जाऊँगा, वो सही रहेगा। कितना अच्छा इम्प्रेशन पड़ेगा मेरा उस पर! बहुत बढ़िया! मज़ा ही आ जाएगा! बस कोई गुरु जी ये न बता दें कि मेरी बहुत पिटाई होती थी और एक बार प्रार्थना स्थल में भी बहुत मार पड़ी थी। सारे इम्प्रेशन की ऐसी की तैसी हो जाएगी। अरे बता दे तो बता दे, बचपन में तो सब शैतानियाँ करते ही हैं इसमें ग़लत क्या है! आख़िर मेरा वर्तमान ये बात साफ़-साफ़ कह रहा है कि मैं आज एक सफल व्यक्ति हूँ।'

बड़बड़ाते हुए छोटू जी ने पलटकर घड़ी की ओर देखा तो दस बज रहे थे। इस पर फिर ख़ुद से ही बातें करने लगे– 'ये समय भी बहुत निर्दय है, प्रतीक्षा की घड़ियों में काटे नहीं कटता।'

इसी तरह ख़ुद से बातें करते-करते नींद की चपेट में आकर, रात भर करवटें बदलने के बाद सुबह खट की आवाज़ के साथ ही छोटू जी की आँख खुली। वो आवाज़ शर्मा जी के मकान का दरवाज़ा खुलने की थी। छोटू जी दौड़ के गए और छज्जे से झाँककर देखा कि कविता दरवाज़े पर

ताला लगाकर स्कूल को निकल रही थी। यह देखकर छोटू जी के लिए और अधिक इंतज़ार कर पाना मुश्किल हो गया। पर समय तो काटना ही था, वो इंतज़ार के सिवा कर भी क्या सकते थे। जल्दी से नहा-धो कर नाश्ता करके उन्होंने और किसी तरह दो घंटे काटे। खाना खाया और मोटरसाइकिल उठाकर रावत जी के कमरे पर जा पहुँचे।

"रावत, ओ रावत भाई!"

अंदर से आवाज़ आई, "यार, तूने क़तई ख़ून पी रखा है मेरा। अनाथों की तरह जब देखो मेरे कमरे पर पड़ा रहता है, जाना कहाँ है, ये बता पहले।"

"अरे काम है न यार।" छोटू जी ने उदास होते हुए कहा।

"तुम्हें बहुत अच्छे-से जानते हैं हम। सच बताओ तो गेट खोलूँ वरना बाहर खड़े रहो।"

"भाई, वो कविता है न..."

बीच में टोकते हुए झट से दरवाज़ा खोलते हैं, "भाई देख, ये कविता-वविता के चक्कर में मुझे मत डाल, आई समझ?"

"यार सुन तो..."

"ना... बिल्कुल ना।"

"अबे सुन तो ले एक बार..."

"बोल, बता क्या बात है?"

"यार कविता उसी स्कूल में पढ़ाती है जहाँ पर मैं पढ़ता था।"

"हाँ तो सही है न यार, वो तेरी मैडम हुई और तू बच्चा ही हुआ न उसका... क्यों पीछे पड़ा है तब?"

"भाई पूरी बात तो सुन ले... मैं सोच रहा था आज पुराने स्कूल

होकर आता हूँ। अपने पुराने गुरु जी से मिलकर आता हूँ न..."

"अबे साफ़-साफ़ बोल न कि तुझे उस आंटी के चक्कर में जाना है स्कूल। स्साला ऐसा है क्या उस कविता में! चल बेटा, इसी बात पर आज देखकर ही आते हैं, ऐसी कैसी औरत हो गई जो लड़का दीवाना हुआ फिर रहा है उसके पीछे!"

"भाई औरत मत बोल लड़की है..."

"हाँ-हाँ छत्तीस साल की लड़की, पता है मुझे, चल चलते हैं।"

दोनों स्कूल के लिए निकल गए और बातें करते-करते स्कूल के गेट तक जा पहुँचे। गेट पर पहुँचते ही छोटू जी की पुरानी यादें ताज़ा होती गईं। उन्हें गौरव और डीके की याद आ गई, आज तक वो जब भी इस गेट के अंदर या बाहर आए थे, तब या तो गौरव साथ था या डीके। ऐसा पहली बार हुआ था कि वो पुराने यार साथ नहीं थे। गेट के अंदर घुसते ही एक अकेलापन-सा महसूस हो रहा था। मगर यह जीवन है, सबको अकेले ही बिताना होता है। समय के साथ बड़े-बड़े रिश्ते टूट जाते हैं। लोग अलग हो जाते हैं और बस उनकी यादें रह जाती हैं, जो हमें अपनों के परायेपन और परायों के अपनेपन का एहसास कराती रहती हैं।

मुँह में गुटका दबाए रावत जी ने तुतलाते हुए छोटू जी को छेड़ा, "अच्छा, यहाँ की पैदाइश हो तुम!"

"मेरे भाई, ये विद्या का मंदिर है। कम-से-कम यहाँ तो गुटका मत खा।" छोटू जी झल्लाते हुए बोले।

रावत जी ने गुटका थूका और कहा, "विद्या का मंदिर नहीं कविता का..." इसके साथ ही दोनों ज़ोर से हँसे और टहलते हुए अंदर की ओर चल दिए।

"पिछत्तर चढ़ गए अब तुझ पर, तेरे चक्कर में तीन बार गुटका थूकना पड़ा है पता भी है?" रावत जी बोले।

"हाँ-हाँ ठीक है, चल पूरे सौ ले लेना। अब ठीक?"

"सौ नहीं चाहिए, चार गुटके के पैकेट दे देना बड़े वाले।"

"ठीक है, ख़ूब ज़हर खाता रह, मेरा क्या!"

स्कूल का चक्कर लगाते हुए छोटू जी रावत को बताते चल रहे थे कि वो किस कक्षा में बैठते थे, कहाँ भोजन करते थे, कहाँ खेलते थे, कहाँ प्रार्थना होती थी, वग़ैरह। तभी उन्हें घंटी बजाने वाले भैया मिले जिन्होंने झट से छोटू जी को पहचान लिया।

"अरे छोटू साहब, क्या हाल हैं आपके?"

"भैया नमस्ते!"

"नमस्ते जी! क्या बात है आज अकेले ही? यार कहाँ गए भई? बड़ा उत्पात मचाया करते थे तीनों मिलकर।"

"जी वो अब अपने काम-धंधे में लग गए हैं। अच्छा और बताइए, कैसे हैं?"

"जी बस सब बढ़िया है जी।"

"भैया, अध्यापक कक्ष कहाँ है, पहले तो वहाँ नल के पास हुआ करता था।"

"हाँ अब नया बन गया है, वो सामने ऊपर लिखा है न, वहाँ है।"

"हाँ दिख गया। ठीक है भैया, धन्यवाद!"

रावत जी को हमेशा से ही छोटू जी के जीवन में दिलचस्पी रहा करती थी तो उन्होंने झट से पूछा, "क्यों रे, तुम तो कहते हो मैं तुम्हारा इकलौता दोस्त हूँ। फिर ये भैया किन दोनों की बात कर रहे थे?"

"अरे थे, बचपन के दोस्त थे वो।"

"मेरे से भी बड़े?"

"नहीं यार, तुमसे बड़े नहीं हो सकते।"

"तो बताओ पूरी कहानी बताओ।"

"अभी नहीं, यहाँ से चलने के बाद।"

"पक्का न?"

"बिल्कुल पक्का।"

दोनों ज़ीने से ऊपर गए और देखा कि सभी अध्यापक अंदर कक्ष में बैठे थे। छोटू जी के कक्ष में आते ही प्रधानाध्यापक और पुराने सभी अध्यापकों ने उन्हें पहचान लिया।

पैर छूते हुए छोटू जी ने कहा, "गुरु जी नमस्ते!"

"नमस्ते-नमस्ते! शैतान सिंह, कैसे हो?"

"जी बहुत अच्छा हूँ। आप सब कैसे हैं?"

"हम सब भी अच्छे हैं। और क्या कर रहे हो आजकल?"

"जी मैं यहीं पर डाकघर में वरिष्ठ लिपिक हूँ!"

"अरे वाह, बहुत अच्छा! बहुत ख़ुशी हुई सुनकर! देखो भई, हमारा पढ़ाया हुआ बच्चा आज कितनी अच्छी सरकारी सेवा पर तैनात है, वह भी अपने ही क़स्बे में।"

"जी सब आपका आशीर्वाद है। आज समय निकालकर आया हूँ कि आपका और सुंदर मास्टर जी का धन्यवाद कर सकूँ। मैं आज जो कुछ भी हूँ इस स्कूल और सुंदर मास्टर जी की दी हुई शिक्षा की वजह से ही हूँ। गुरु जी, सुंदर मास्टर जी कहाँ हैं?"

सुंदर मास्टर जी का नाम सुनते ही सभी अध्यापक शांत हो गए।

कुछ क्षण शांत रहने के बाद प्राचार्य जी ने छोटू जी को बताया कि वो तो कुछ दिनों पहले ही एक दुर्घटना में गुज़र गए। ये बात सुनते ही छोटू जी को एक धक्का-सा लगा, उनकी आँखें नम हो आईं। सुंदर मास्टर जी ने भले ही उनकी ख़ूब पिटाई की थी, परंतु आज छोटू जी जिस पड़ाव पर थे उसमें सुंदर मास्टर जी का एक बड़ा योगदान था।

"आपने जो सूचना दी वह मेरे लिए बहुत ही दुखद है। मैंने सोचा था आज मैं कम-से-कम सुंदर मास्टर जी का शुक्रिया अदा कर लूँगा, परंतु प्रभु को शायद यह स्वीकार नहीं है।"

"हाँ दुखद तो है, मगर दुर्घटना तो किसी के भी साथ हो सकती है। इसमें हम सब कर भी क्या सकते हैं!"

"जी..." छोटू जी दुखी मन से वापस जाने को उठते हैं।

तभी प्राचार्य जी उन्हें रोकते हुए कहते हैं, "बेटा, अगर तुम चाहो तो उनकी पत्नी से मिल सकते हो। हमने उनकी जगह उनकी पत्नी को नौकरी दे दी है।"

"जी बिल्कुल, मैं बहुत ही कृतज्ञ महसूस करूँगा। कहाँ पर हैं वो?"

प्राचार्य जी ने पीछे की ओर इशारा किया। पीछे देखते ही जैसे छोटू जी का शरीर ठंडा पड़ गया। पीछे वही लड़की बैठी हुई थी जिससे मिलने के लिए या जिसकी पहचान जानने के लिए वो इतने समय से परेशान थे। आख़िरकार जब पहचान का पता चला तो मन उसे स्वीकार करने को तैयार नहीं। कुछ समझ नहीं आ रहा था कि क्या करें! छोटू जी नम आँखों से कविता के पास गए, दोनों की नज़रें मिलीं तो एक आँसू कविता की आँख से निकलकर सीधा ज़मीन पर जा गिरा। छोटू जी ने कविता को झुककर प्रणाम किया। कविता ने भी प्रणाम स्वीकारते हुए

सिर झुका लिया।

उन्होंने मायूस मन से कविता से कहा, "सुंदर गुरुजी ने हमें पढ़ाने और जीवन में यहाँ तक लाने के लिए हमारी बहुत मदद की थी। मुझे नहीं पता था कि ऐसा हुआ है, मैं उनके लिए बहुत दुखी हूँ, अगर भविष्य में किसी भी प्रकार से मैं आपके काम आ सकूँ तो मैं ख़ुद को सौभाग्यशाली समझूँगा।"

इतना सुनकर कविता ने सिर झुकाकर अभिवादन किया और उठकर चल दी। उदास मन से छोटू जी ने सभी अध्यापकों को पुनः प्रणाम किया और रावत जी के साथ बाहर आ गए। रावत जी भी इतनी सब बातें सुनकर भावुक हो गए।

"यार यह तो बड़ा बुरा हुआ इस लड़की के साथ।" रावत जी ने कहा।

"हाँ, सच में ख़राब क़िस्मत है उसकी, क्या पता क्या बुरे कर्म किए हों!"

"हम्म! पर क़िस्मत इतनी बुरी भी नहीं होनी चाहिए।"

उदास मन से दोनों अपने घर की तरफ़ चल दिए।

अध्याय 4

सुंदर तीस-बत्तीस बरस का एक युवा अध्यापक था जो कुछ बरस पहले बाल विद्या मंदिर में पढ़ाने आया था और सोनकपुर में ही बस गया था। वह एक प्रतिभावान, क़ाबिल, पढ़ाई-लिखाई करने वाला, मेहनती, साथ ही समझदार व्यक्ति था। उसने अच्छी शिक्षा प्राप्त कर ख़ुद के बल पर नौकरी हासिल की और अपने काम-काज के साथ-साथ अपने परिवार को भी सँभाला। सुंदर ने जब पढ़ाना शुरू किया था तब वह मात्र चौबीस-पच्चीस बरस का रहा होगा और अविवाहित था। वह चाहता था कि नौकरी के साथ-साथ अभी और पढ़ाई-लिखाई करे ताकि इससे भी अच्छे पद पर पहुँच सके। एक अध्यापक होने के साथ ही वह बच्चों का अच्छा मित्र भी था। वह बच्चों को बड़ा लाड़-प्यार करता था। हमेशा मुस्कराकर बात करना व समय-समय पर एक अभिभावक की भाँति सभी बच्चों का मार्गदर्शन करते रहना भी उसकी एक ख़ूबी थी। सुंदर हमेशा बच्चों को यह बात समझाया करता था कि शिक्षा का व्यक्ति विशेष के जीवन में कितना अधिक महत्त्व होता है, शिक्षा स्वयं में एक दीपक के समान है जो सर्वत्र उजाला फैलाने का कार्य करती है। वो ऐसे लोगों की बात पर बिल्कुल सहमत नहीं था जो ये कहते हैं कि उन्हें

पढ़ने-लिखने का अवसर नहीं मिला। उसने शुरू से ही यही सीखा और सिखाया था कि अवसर भी उन्हें ही मिलता है जो मेहनत और लगन के साथ अपने सपनों का पीछा करते हैं। उसके अनुसार, शिक्षा प्राप्त करने हेतु थोड़ा-सा दिमाग़ व लगन ही गुरुदक्षिणा के रूप में देनी होती है।

वैसे तो मास्टर जी (सुंदर) सभी बच्चों को बहुत प्यार करते थे, परंतु जब बात पढ़ाई व अनुशासन की होती तो प्यार-व्यार सब एक ओर रखकर कुटाई करने में भी पीछे नहीं हटते थे। मास्टर जी यह भी कोशिश करते थे कि बच्चों को प्यार से ही समझाया जा सके। मगर बच्चे तो बच्चे ठहरे, शैतानियों और कामचोरी से कहाँ बाज़ आने वाले। जब भी मास्टर जी किसी बच्चे पर हाथ उठाते थे तो उन्हें अपने कुछ पुराने पढ़ाए हुए बच्चों की याद आ जाया करती थी।

बाल विद्या मंदिर पूरे सोनकपुर एवं आसपास के अभिभावकों की नंबर एक पसंद था क्योंकि यहाँ किताबी विषयों के साथ-साथ सदाचार की भी शिक्षा दी जाती थी। पूरे क़स्बे में हिंदी-अँग्रेज़ी माध्यम मिलाकर दस-बारह स्कूल होंगे लेकिन अधिकतर अभिभावक चाहते थे कि उनका बच्चा बाल विद्या मंदिर में ही जाए।

कई बरस बीते, तीन लड़के यहाँ पढ़ा करते थे– छोटू, गौरव और डीके यानी दिनेश। इन तीनों में दोस्ती ठीक ऐसी थी जैसे हिंदी पिक्चर के जिगरी यार। वैसे तो तीनों एक नंबर के आलसी और निकम्मे क़िस्म के छात्र थे, मगर किसी ख़ुराफ़ात के मामले में इनका दिमाग़ राजधानी एक्सप्रेस से भी तेज़ दौड़ता था। ये तीनों सुंदर मास्टर जी के बहुत प्रिय थे, इसलिए नहीं कि पढ़ाई-लिखाई में अव्वल थे, बल्कि इसलिए कि मास्टर जी इन तीनों पर खुलकर हाथ साफ़ किया करते थे। कुटाई सहने

के मामले में इनका कोई सानी नहीं था व तीनों को मार खाने में महारत हासिल थी। मास्टर जी अकसर कहा करते थे– 'पता नहीं कौन-से जानवर की चमड़ी के साथ तीनों पैदा हुए हैं जिन पर इतनी मार का भी कोई असर नहीं होता।' अब पूरे विद्यालय में इन तीनों के क़िस्सों की मिसाल दी जाने लगी थी कि अगर पढ़ाई नहीं करोगे तो कक्षा 'दशम ग' वाले गधों की तरह मार पड़ेगी। इतना सब होने के बाद भी इन तीनों ने कभी सुधरने का नाम तक नहीं लिया था। सभी अध्यापकों ने भी इन तीनों से हार ही मान ली थी, परंतु सुंदर मास्टर जी ने क़सम खा रखी थी कि जब तक इन तीनों को सुधार नहीं देते तब तक चैन से नहीं बैठेंगे।

एक दिन छोटू, गौरव और दिनेश तीनों मध्याह्न में ही स्कूल की दीवार फाँदकर खेलने को भाग निकले। यह बात मास्टर जी को पता चली तो वो ग़ुस्से से लाल हो गए। अगले दिन, प्रातः प्रार्थना हो रही थी और सारा विद्यालय 'हे हंसवाहिनी ज्ञानदायिनी अम्ब विमल मति दे... जग सिरमौर बनाए भारत वो बल विक्रम दे...' की आवाज़ से गूँज रहा था। तीनों पंक्ति के सबसे अंत में खड़े हँसी-ठिठोली करने में व्यस्त थे। उन्हें इस बात का तनिक भी आभास नहीं था कि आगे क्या होने वाला था। मास्टर जी कल इन तीनों द्वारा दीवार फाँदकर खेलने के लिए भाग जाने वाली बात पर बहुत अधिक ग़ुस्से में थे। प्रार्थना समाप्त होते ही सुंदर ने बच्चों से भरे मैदान में तीनों के नाम लेकर सबसे आगे आने को कहा। नाम सुनते ही तीनों समझ चुके थे कि आज पूरे विद्यालय के सामने प्रसाद वितरण होना तय है। मास्टर जी ने हाथ में शहतूत की पतली-सी संटी ले रखी थी और उनकी आँखों में ग़ुस्सा साफ़ दिखाई दे रहा था। परंतु तीनों को कोई ख़ास डर नहीं था क्योंकि मार खाना, खाना खाने की

तरह इनकी खुराक का एक हिस्सा बन चुका था और ढीठपना समस्त सीमाओं के चरम पर था। तीनों आगे आकर, सिर झुकाकर मास्टर जी के सामने खड़े हो गए।

सुंदर जी बोले, "कल किसकी अनुमति से विद्यालय छोड़कर गए थे?"

तीनों सिर झुकाकर शांत खड़े रहे। सुंदर पुनः गरजे, "किसकी अनुमति से कल दीवार कूदकर गए थे?"

कोई उत्तर नहीं आया।

सुंदर जी ने आव देखा न ताव, तीन-चार सौ बच्चों और सभी अध्यापकों के समक्ष ही तीनों को पीटना प्रारंभ कर दिया। तीनों ऐसे पीटे जा रहे थे मानो कहीं डकैती कर आए हों और पुलिस के हत्थे चढ़ गए हों। कुछ ही देर बाद तीनों रोने लगे, मगर मास्टर जी का ग़ुस्सा अभी भी शांत नहीं हुआ था। मार अभी भी जारी थी। कुछ क्षण बाद तीनों मास्टर जी के समक्ष डरी-सहमी अवस्था में ऐसे हाथ जोड़े हुए खड़े थे मानो कह रहे हों कि हम बच्चे हैं, शैतानियाँ करना हमारा अधिकार है। मास्टर जी का ग़ुस्सा इतना उग्र था कि सभी बच्चे यह दृश्य देखकर डर रहे थे। मारते-मारते मास्टर जी मानो अचानक होश में आए और उनका हाथ रुक गया। दुखी मन से मास्टर जी ने तीनों को वापस पंक्ति में जाकर खड़े होने का इशारा किया और स्वयं भी जाकर अध्यापक कक्ष में बैठ गए। मास्टर जी गंभीर मुद्रा में किसी गहरी सोच में डूबे हुए थे और सिर झुकाए न जाने कौन-से विचार में विलीन थे। तभी प्राचार्य जी आए और पीछे से कंधे पर हाथ रखा तो वो चौंक गए।

प्राचार्य ने पूछा, "अरे क्या बात है भई, ऐसे घबरा क्यों गए?"

"कुछ नहीं गुरुजी, वो एकदम से पीछे से आहट हुई तो..."

"अच्छा-अच्छा! मगर ऐसे क्यों बैठे हो अकेले?"

"कुछ नहीं गुरु जी बस ऐसे ही..."

"सुंदर! मैं तुम्हें बड़े अच्छे से जानता हूँ। कुछ तो मन में सोचकर परेशान हो तुम।"

"गुरुजी, मैं उन तीनों लड़कों के बारे में सोच रहा था।"

"कौन तीन लड़के?"

"जिन्हें आज प्रार्थना के समय मैंने पीटा।"

"अच्छा, परंतु क्यों?"

"कल वे दीवार फाँदकर विद्यालय से बाहर मस्ती करने चले गए थे। लेकिन मुझे उनको इतना नहीं पीटना चाहिए था।"

"अरे ठीक है न, कोई बात नहीं। जब इतनी शैतानी करते हैं तो पिटेंगे ही। इसमें क्या बड़ी बात!"

"पर गुरुजी, मुझे आज बड़ा बुरा लग रहा है। जब कभी पिता जी मेरे ऊपर हाथ भी उठाने को हुआ करते थे तब माँ उनका हाथ पकड़कर कहा करती थी– 'मारने से बच्चे ढीठ हो जाते हैं। मारने-पीटने से तो जानवर भी नहीं सुनते, उन्हें भी पास बुलाने के लिए पुचकारना पड़ता है।' मुझे आज ये महसूस हो रहा है कि जो तीन-चार बरस मैंने इन तीनों को मार-पीटकर समझाने में व्यर्थ कर दिए, उनमें अगर प्रेम से समझाने का प्रयास करता तो शायद मैं अपने कर्तव्य का निर्वहन बहुत अच्छे से कर पाता। इन तीनों को देखकर मुझे अपने कर्तव्य निर्वाह में विफलता का एहसास हो रहा है।"

"तुमने अपने कर्तव्य का निर्वहन बहुत अच्छे से किया है और जो

बात तुम्हारे मन में खटक रही है वह इस बात का साक्ष्य है कि तुम अपने कर्तव्य के प्रति कितने सजग हो। अब इस बात को ज़्यादा दिल से मत लगाओ। तुमने जो किया उनके भले के लिए ही तो किया है। आओ कक्षा का समय हो रहा है।"

सुंदर ने गुरुजी की बात पर सहमति जताते हुए सिर हिलाया और उठकर कक्षा की ओर चले गए।

गौरव और डीके मार खाकर भी आनंदित महसूस कर रहे थे। उनके लिए मार खाने वाली घटना कोई नई नहीं थी। आए दिन तीनों सुंदर जी के हाथों पिटाई खाते रहते थे। लेकिन छोटू थोड़ा उदास जान पड़ रहा था। उसे ऐसा लग रहा था कि भरे प्रार्थना स्थल पर मास्टर जी को ऐसे नहीं मारना चाहिए था। दूसरी ओर गौरव और डीके मार खाकर अपनी-अपनी मार का हिसाब लगा रहे थे।

गौरव बोला, "यार, स्साले ने बड़ा मारा।"

डीके ने सहमति जताई, "हाँ यार... है न छोटू?"

गौरव बोला, "मेरे तो दो-तीन पड़ी, डीके जम के ठुका है।"

डीके बोला, "ज़बर्दस्ती! मेरे भी दो-तीन पड़ी है। छोटू पिटा है आज सही से। है न गौरव?"

गौरव ने कहा, "हाँ और क्या! अबे तुझे क्या हुआ, बोलता क्यों नहीं? ज़्यादा तेज़ से लगी क्या?"

गंभीर मुद्रा में छोटू बोला, "नहीं, चलो कक्षा में चलते हैं।"

गौरव बोला, "वो देखो सुंदर आ रहा है। चलो वरना फिर मार पड़ेगी।"

तीनों अपनी-अपनी कक्षा में चले गए और सुंदर मास्टर भी पढ़ाने

में व्यस्त हो गए। भले ही मास्टर जी तीनों को सज़ा देते रहते थे, फिर भी छोटू के मन में उनके लिए बड़ा आदर था। लेकिन आज उसका मन मास्टर जी के ऐसे व्यवहार से बहुत दुखी था।

धीरे-धीरे समय बीतता गया। छोटू, गौरव और डीके तीनों की ख़ुशी का ठिकाना नहीं था। कारण! आज वह दिन था जब स्कूल को छोड़कर जाना था और तीनों नालायक़ों ने अपनी बारहवीं की परीक्षा पास कर ली थी। विद्या मंदिर से टीसी कटाकर जा रहे थे। इससे ज़्यादा प्रसन्नता इस बात की थी कि स्कूल से तो छुट्टी मिली ही, साथ में मास्टर जी की मार से भी छुटकारा मिल गया था। अब बिना किसी पाबंदी के कॉलेज लाइफ़ का मज़ा ले सकेंगे, न ही कोई रोकने वाला होगा, न ही टोकने वाला और न ही कोई पीटने वाला।

इन तीनों के सिवा कोई और भी था जो आज ख़ुश था, वो थे सुंदर मास्टर जी। कारण! एक अध्यापक को सबसे ज़्यादा प्रसन्नता अपने शिष्य की सफलता देखकर ही मिलती है। एक गुरु अपने शिष्य को डाँटता है, फटकारता है, परंतु सिर्फ़ इस उद्देश्य से कि उसका पढ़ाया हुआ बच्चा एक दिन उससे भी आगे निकल जाए। गुरु की महानता इस बात से समझी जा सकता है कि माँ-बाप अपने बच्चे को शिक्षा देते हुए यह उदाहरण देते हैं या दे सकते हैं कि उसकी पढ़ाई के लिए उनके द्वारा कितना अधिक धन, समय व परिश्रम व्यय किया गया है, परंतु एक गुरु शिक्षा देता है तो वह अपने द्वारा ख़र्चे गए ज्ञान, समय व परिश्रम की बात कभी भी अपने शिष्य से न तो कहता है न ही उसकी क़ीमत माँगता है। माँ-बाप बच्चों को अच्छा पढ़ा-लिखाकर अपने से दूर भेजकर यह अपेक्षा रखते हैं कि बेटा या बेटी दूर जाकर भी हमें न भूले, परंतु यह

बात जानते हुए भी कि कोई शिष्य लंबे समय तक उसे याद नहीं रखेगा, गुरु अपने प्रत्येक शिष्य को निःस्वार्थ भाव से शिक्षा देता है। एक पंक्ति में अगर कहें तो– गुरु की महानता एवं कर्तव्यनिष्ठा का कोई पर्याय नहीं हो सकता।

आख़िरी दिन था। छोटू, गौरव और डीके अपने स्कूल के बाहर गेट पर खड़े निहार रहे थे। तभी सुंदर मास्टर जी आते दिखाई दिए। एक तरफ़ मास्टर जी सोचते चले आ रहे थे कि इन कम्बख़्तों को उन्होंने भले ही कुटाई के सहारे ही सही, पर सफलतापूर्वक इंटरमीडिएट पास करा ही दिया था जो कि किसी बड़ी उपलब्धि से कम नहीं था। लेकिन उधर इन तीनों ने मास्टर जी को देखते ही खुसफुस करना शुरू कर दिया।

छोटू बोला, "अबे गौरव! देख तेरा बाप आ रहा है।"

गौरव बोला, "मेरा नहीं, हम तीनों का बाप है।"

छोटू बोला, "हाँ-हाँ सही है, मगर सबसे ज़्यादा कुटाई तो तेरी हुई है न!"

डीके बोला, "हाँ तो ?"

छोटू बोला, "मेरी विनती रहेगी भगवान से कि इस सुंदरलाल से कभी पाला ना पड़े। बहुत मारा है स्साले ने।"

तभी सुंदर मास्टर जी पास आकर खड़े हो गए और बोले, "क्या भई, आज तीनों को मेरी छत्रछाया से छुटकारा मिल ही गया ना ?"

छोटू बोला, "नहीं गुरु जी, आपका मार्गदर्शन हमारे लिए सदैव सर्वोपरि रहा है। हमारी सफलता में सबसे बड़ा हाथ आपका ही तो है।"

उधर डीके ने इशारा किया कि सच में, मास्टर जी का हाथ और हम तीनों के गाल, क्या जोड़ी है।

मास्टर जी बोले, "बस करो, मुझे सब पता है मेरे पीठ पीछे मुझे गालियाँ देने के अलावा तुम तीनों कोई काम नहीं करते।"

छोटू बोला, "नहीं गुरु जी, सच में।"

मास्टर जी बोले, "चलो ठीक है, अपना-अपना ख़याल रखना और मेहनत से पढ़ना। तुम तीनों ने मुझसे जितनी मार खाई और पलट के कभी जवाब तक नहीं दिया, उसके लिए बहुत आभार। मुझे भी अच्छा नहीं लग रहा कि मैंने तुम लोगों को इतना मारा। कभी भी कोई चीज़ समझ न आए या मेरी ज़रूरत हो तो मुझे ज़रूर बताना। ठीक है ना?"

तीनों ने बिना मन के ही सिर झुकाकर मास्टर जी के पाँव छुए। मास्टर जी ने मन से तीनों के सिर पर हाथ रखकर आशीर्वाद दिया और चल दिए। तीनों की खुसफुस फिर प्रारंभ हो गई थी।

गौरव बोला, "क्यों बे, तूने बड़ा मार्गदर्शन लिया है सुंदरलाल से?"

डीके बोला, "हाँ-हाँ मार खाना भी एक प्रकार का मार्गदर्शन ही तो है।"

गौरव बोला, "हाँ, तभी तेरे सबसे ज़्यादा नंबर आए हैं। चार थप्पड़ रोज़ ही ज़्यादा खाता था।"

छोटू बोला, "निकल लो यहाँ से, कहीं ऐसा न हो कि और मार्गदर्शन मिल जाए।"

इस पर तीनों ज़ोर से हँसे, स्कूल की तरफ़ पलटकर देखा, मानो तीनों का मन अपने विद्या के मंदिर को हृदय से धन्यवाद कर रहा हो। अभी तक जो मन इस बात पर ख़ुश था कि इस जगह से पीछा छूटा, वही मन मायूस भी हो रहा था कि यार कितनी अच्छी लाइफ़ तो थी ! अब यहाँ की कक्षाओं में शोर मचाने का, गैलरी में दौड़-भागकर चिल्लाने

का, कभी साथ-साथ एक ही टिफ़िन में खाना खाने का, कभी एक-दूसरे के टिफ़िन से खाना चुराने का, अपने अध्यापकों की नक़ल उतारने का, पीछे की सीट पर बैठकर सीटी बजाने का, मास्टर जी के छुट्टी पर होने पर चिल्ला-चिल्ला के कक्षा सिर पर उठाने का, कॉपी पर जिल्द न चढ़ी होने पर मार खाने का, घंटी की आवाज़ पर बस्ता उठाकर बेफ़िक्र बाहर घूमने जाने का मौक़ा शायद अब कभी न मिल पाए।

विद्या मंदिर छूटना ख़ुशी की बात थी या दुख की! यही दुविधा अपने अंतर्मन में लिए तीनों स्कूल से बाहर निकल गए।

अध्याय 5

कविता के दादा और फिर पिता राजनीतिक दृष्टिकोण से क़स्बे में बड़े व प्रतिष्ठित लोगो में थे। कविता दोनों की ही प्रिय थी। मगर परिवार के बाक़ी लोग कविता को हीन दृष्टि से देखते थे। जब कविता का जन्म हुआ तो प्रसव पीड़ा में कविता की माँ की मृत्यु हो गई थी। किसी तरह कविता को तो बचा लिया गया, मगर माँ ने प्राण त्याग दिए और कुछ समय बाद दुर्घटना में पिता की भी अकाल मृत्यु हो गई। उस दिन से मानो कविता को उसके परिवार व गाँव वालों ने मनहूस की तरह देखना शुरू कर दिया था।

यह सवाल कविता के दिमाग़ में घर कर चुका था कि उसने पैदा होकर ऐसा क्या पाप कर दिया है जो घर और समाज वाले उसे बचपन से ही ताने देते आए हैं।

भारतीय समाज का दोहरा चरित्र है कि अगर एक स्त्री प्रसव पीड़ा के दौरान एक बेटी को जन्म देते समय अपने प्राण त्याग दे तो घर और समाज उस नन्ही-सी बच्ची को अभागिन बताकर माँ की मौत के लिए ज़िम्मेदार मान लेता है और उस माँ को ये कहकर रुख़सत कर दिया जाता है कि ख़ुद तो मर गई और हम पर एक बोझ और छोड़ गई। वही

स्त्री अगर एक पुत्र को जन्म देते समय ईश्वर को प्यारी हो जाए तो कहा जाता है कि हमारी बहू ने दुनिया से जाते-जाते भी अपना धर्म निभाया, हमें हमारे घर का चिराग़ सौंप गई। बेटे और बेटी के बीच का यह अंतर भारतीय समाज की सोच की पुष्टि के लिए पर्याप्त है।

कविता यह सोचती थी कि मृत्यु तो ऊपरवाले के हाथ में है। कब, कैसे, कहाँ, किस इंसान का अंत समय आ जाए, कौन जाने! फिर क्यों सब उसे मनहूस और अभागिन मानते हैं! समझदार होने पर कई-कई घंटों तक वह यही बात सोच-सोचकर परेशान रहा करती और स्वयं से कहा करती कि अच्छा होता अगर माँ बच जाती और मैं ख़ुद मर जाती या मैं भी माँ के साथ ही भगवान को प्यारी हो जाती।

जिस वक़्त कविता अकेलेपन से दो-दो हाथ कर अपने मन की परेशानियों से हार जाया करती, उस वक़्त उसे दिलासा देने के लिए उसके चाचा जी के सिवा और कोई नहीं होता था। कविता के पिता दो भाई थे, छोटे भाई राकेश यानी कविता के चाचा जो उसे अपनी सगी बेटी से भी ज़्यादा प्रेम करते थे। वह शुरू से ही शहर में रहे थे, वहीं पर पढ़े-लिखे और वहीं पर नौकरी भी करने लगे। चाचा जी शहरी विचारों के व्यक्ति थे और यह बात अच्छे से समझते थे कि गाँव व छोटे क़स्बों की रूढ़िवादी, छुआछूत व ऊँच-नीच वाली सोच की कोई काट नहीं है। यही कारण था कि उन्हें गाँव आना बिल्कुल पसंद नहीं था। उन्हें पता था कि कविता को लोग बेकार में ही कोसते रहते हैं, इसीलिए हमेशा कविता का साथ देते थे। उसको समझाते थे कि ख़ूब पढ़ो-लिखो, कुछ बन जाओ तो जो कलंक समाज और परिवार ने तुम्हारे ऊपर लगा रखा है, वो ख़ुद-ब-ख़ुद धुल जाएगा।

कविता को भी हमेशा चाचा के गाँव आने का इंतज़ार रहा करता था। कविता को गाँव और गाँव का अपना परिवार और वहाँ के लोग बिल्कुल भी पसंद नहीं थे। वह परिवार संग रहती तो थी, मगर परेशान मन के साथ हमेशा घुटती रहती थी। जब भी चाचा जी गाँव आते तो उसका मन उनसे कहने का होता कि मुझे भी अपने संग ले चलिए, परंतु फिर ख़ुद ही अपने मन की बात मन में दबा लिया करती। वह उस वक़्त उम्र में छोटी भले ही थी, पर अच्छे से जानती थी कि चाचा जी ही हैं जो उसके लिए वो सब कर रहे हैं या कर सकते हैं जो एक आदमी अपनी सगी बिटिया के लिए करता है। चाचा जी जब भी गाँव आते, सबसे पहले कविता से मिलते और बाद में उसकी दादी या परिवार के और किसी सदस्य से। वो जब भी घर आते तो कविता के लिए कपड़े, फल और किताबें लाना नहीं भूलते थे।

साल गुज़रते गए, कविता बच्ची से बड़ी हो गई। इस बात का आभास न तो कविता को हुआ, न ही चाचा जी को। बेटियों का बस चलता तो वो कभी भी बड़ा होना स्वीकार नहीं करतीं। उन्हें कहाँ ही बड़े हो जाने का आभास होता है, ये तो समाज और लोगों की नज़रें और देखने का तरीक़ा है जो बच्चियों को युवती हो जाने का आभास करा देता है। कविता बचपन से एक बँधुआ की भाँति घर और समाज के बंधनों से अपने हृदय की लालसाओं को बाँधकर बैठी हुई थी। अब उसका हृदय बँधकर नहीं रहना चाहता था। वह ख़ुद को एक बोझ की भाँति परिवार पर नहीं थोपना चाहती थी। इसलिए उसने यह निर्णय लिया कि इस बार जब चाचा जी शहर से आएँगे तब वह उनके साथ शहर में रहकर अपनी पढ़ाई पूरी करने के लिए निवेदन करेगी। साथ ही माँ-बाप का जो प्यार

उसे कभी नसीब नहीं हो पाया, वह भी पा सकेगी।

बहुत दिन बाद चाचा जी आ आए और हर बार की तरह उसके लिए कपड़े और कुछ सामान भी लाए। कविता ख़ुश थी और हिम्मत करके अपने मन की बात आज चाचा जी से कहने की कोशिश की।

"चाचा जी!"

"हाँ बेटा।"

"मुझे आपसे कुछ बात करनी थी।"

"हाँ-हाँ, कहो न बच्चे, क्या बात है? पहले ये बता कपड़े कैसे लगे?"

"बहुत अच्छे हैं।"

"बिटिया के लिए हैं तो अच्छे ही होंगे न।"

"जी, चाचा जी!"

"हाँ बताओ क्या बात है?"

"चाचा जी, क्या ऐसा नहीं हो सकता कि मैं भी आपके साथ चलूँ और आप लोगों के साथ रहूँ?"

"हो क्यों नहीं सकता... हो तो सब कुछ सकता है, मगर हुआ क्या? कोई परेशानी है यहाँ?"

"नहीं तो... बस अब मैं यहाँ नहीं रहना चाहती। आप सब के साथ रहूँगी तो वहीं पढ़ लूँगी और घर में चाची जी का हाथ भी बँटा लिया करूँगी।"

"अरे बेटे तू क्यों काम करेगी!" आँगन में बैठी दादी ये बात चुपके-चुपके सुन रही थी। उसकी आँख और कान हमेशा कविता पर ही रहते थे।

"कोई ज़रूरत नहीं है आगे पढ़ाई-लिखाई की। शादी के लिए दहेज भी जमा करना होता है। पैसे पेड़ पर नहीं लगते।" आँगन से ही ताना देती हुई दादी की आवाज़ आई।

"माँ, अभी कविता का पढ़ना-लिखना बहुत ज़रूरी है। आख़िर उसके भविष्य का सवाल है।"

"भविष्य पढ़ाई-लिखाई और किताबों में नहीं रखा। मेरी मानो तो इसके शादी-ब्याह के बारे में सोचो। कम-से-कम एक ज़िम्मेदारी तो हमारे सिर से हटेगी।"

"मगर माँ, कविता अभी केवल तेईस-चौबीस बरस की है। अभी शादी की नहीं, पढ़ाई-लिखाई की उमर है।"

"हाँ-हाँ, पढ़ाई-लिखाई के नाम पर लड़के-लड़कियों के पैर घर से बाहर निकल जाते हैं और दिमाग़ आसमान में। बेहतर यही है, इसके ब्याह की सोची जाए। बाक़ी तुझे जो सही लगे।"

ग़ुस्से में राकेश ने माँ को रोका और कविता को अपना सामान बाँधने को कहा।

कविता को लग रहा था कि वह चाचा के साथ शहर जा रही है और अब शायद उसकी परेशानियों के समाप्त होने का समय निकट है। वह अब गाँव और समाज की चारदिवारी से निकलकर खुल के साँस ले पाएगी। शहर में अच्छी सोच वाले लोगों के बीच रहकर आगे का सफ़र सुकून से तय हो सकेगा। परंतु जिसके नसीब में दुख और परेशानियों ने घर कर लिया हो उसे किसी भी रूप में सुख की प्रप्ति हो जाए यह कहाँ संभव था। राकेश का शहर में दो कमरों का एक छोटा-सा घर था जिसमें वो अपनी पत्नी और दो बच्चों के संग रहता था। दोनों कमरे इन

चारों में बँट गए थे। कविता के नसीब में घर का स्टोर रूम आया जिसे उसने साफ़ किया और वहाँ रखे एक लोहे के टूटे हुए फ़ोल्डिंग पलंग पर आशियाना बना लिया, जहाँ उसका पढ़ना-लिखना-सोना सब कुछ हुआ करता था।

इस बात में कोई दो राय नहीं थी कि कविता के चाचा बहुत ही उदार हृदय के व्यक्ति थे। कविता को बहुत सहयोग करते थे, परंतु चाची ऐसी क़तई नहीं थी। वह तेज़-तर्रार क़िस्म की महिला थी जो प्रारंभ से ही शहरी जीवन के बीच रही थी और शहर के तौर-तरीक़ों में पूर्णतः खो चुकी थी। किसी तरह चाचा जी कविता को घर ले तो आए थे, पर साथ ही उन्हें यह डर भी सताता रहता था कि उनकी पत्नी कविता को कभी बेटी के रूप में स्वीकार करेगी भी या नहीं!

व्यक्ति का हृदय आगे होने वाली घटनाओं को भाँपने में माहिर होता है। जैसा चाचा जी का अंदाज़ा था ठीक वैसा ही हुआ। कविता उसकी चाची को फूटी आँख नहीं सुहाई। चाचा अपने घर ले आए थे तो वह इस बात का विरोध तो नहीं कर पाई, परंतु उसके व्यवहार में यह बात साफ़ झलकती थी कि कविता का घर पर रहना उसे बिल्कुल भी पसंद नहीं था।

कविता के पिता ने छोटे भाई राकेश का हर प्रकार से बहुत सहयोग किया था। वो ख़ुद खेती-बाड़ी में उलझे रहे ताकि राकेश शहर में पढ़ाई-लिखाई कर अपना भविष्य सँवार सके। राकेश इस बात का एहसान चुकाना चाहता था। इसलिए किसी तरह राकेश ने कविता की चाची को समझाया कि मात्र तीन साल के लिए उनके द्वारा लिए गए निर्णय की लाज रख ले। साथ ही यह आश्वासन भी दिया कि कविता को अच्छे से

पढ़ा-लिखाकर वह उसे उसके पैरों पर खड़ा करने में सफल हो जाए तो उसकी या तो अच्छे से शादी करवाकर विदा कर देगा या वापस गाँव छोड़ आएगा।

पढ़ाई-लिखाई में कविता बहुत होशियार थी। इसलिए राकेश ने एक अच्छे महाविद्यालय में उसका दाख़िला करा दिया था। कविता का ध्यान केवल और केवल पढ़ाई में ही रहता था। न ही उसकी कोई सहेली थी और न ही वह किसी से कोई ख़ास मतलब रखा करती थी। जिस महाविद्यालय में कविता पढ़ती थी, वहीं पर सुंदर भी पढ़ा करता था। दोनों ही कला संकाय से स्नातक के विद्यार्थी थे, पर कक्षाएँ अलग-अलग थीं। कविता अत्यधिक सुंदर थी तो विद्यालय के सब लड़कों की नज़रें उसी पर रहा करती थीं। फिर भी कविता को सिवाय पढ़ाई के किसी भी बात से कोई लेना-देना नहीं था। वह नज़रें नीची करके विद्यालय जाती और वैसे ही वापस घर आ जाती। उसी की तरह सुंदर भी पढ़ाई-लिखाई पर पूरा ध्यान देने वाला व्यक्ति था। विद्यालय में दोनों ही अकसर अच्छे अंकों से पास हुआ करते। कभी कविता एक-दो अंकों से आगे रहती तो कभी सुंदर। होशियार होने की वजह से महाविद्यालय के प्रत्येक अध्यापक व हर विद्यार्थी के मुँह पर इन दोनों के ही चर्चे रहा करते थे।

जैसा व्यक्ति स्वयं होता है उसे वैसे ही लोग पसंद आते हैं। कविता सुंदर से कभी-कभार पढ़ाई से संबंधित बातें कर लिया करती थी। सुंदर भी कविता का बहुत सम्मान करते हुए उससे पढ़ाई-लिखाई के अलावा बाक़ी कोई हँसी-मज़ाक़ या अनावश्यक बात नहीं करता था। धीरे-धीरे दोनों की बातें बढ़ने लगीं। अब पढ़ाई के अलावा दोनों साथ समय बिताना भी पसंद करने लगे और हँसी-मज़ाक़ भी करने लगे। धीरे-धीरे

कब दोनों का एक-दूसरे के बिना समय बिताना दूभर होने लगा इस बात की भनक उन दोनों को भी नहीं लगी। अब दोनों को एक-दूसरे से मिलने और बातें करने का इंतज़ार रहा करता था, फिर भी कभी दोनों ने इस बात का फ़र्क़ अपनी पढ़ाई-लिखाई पर नहीं पड़ने दिया।

दो वर्ष से अधिक का समय बीत चुका था। दोनों की मित्रता अब प्रेम का रूप ले चुकी थी। वैसे भी जब कोई किसी अंजान से अपने हृदय का दर्द बिना बताए समझने की अपेक्षा रखने लगे तो समझ लें कि प्रेम हृदय में घर कर चुका है। एक-दूजे से प्रेम की बात जहाँ दोनों अपने हृदय में छुपाए बैठे थे, वहीं इस बात का पता अब पूरे महाविद्यालय को लग चुका था कि दोनों एक-दूसरे को बहुत पसंद करते हैं। एक दिन महाविद्यालय में बातें करते हुए दोनों ने अपना प्रेम एक-दूसरे के समक्ष व्यक्त कर अपने मन की भवनाएँ साझा कीं। वह पल भी रोज़ की भाँति ही था। दोनों एक-दूसरे के समक्ष प्रेम समर्पण कर रहे थे, परंतु न कोई उत्साह था न उमंग थी, न नज़रें झुकी थीं न ज़ुबान लड़खड़ा रही थी, दिमाग़ और पाँव दोनों धरती पर ही थे। आख़िर यह कैसा प्रेम का इज़हार था? वास्तव में सच्चा प्रेम वही है जिसमें व्यक्ति सदैव एक-सा रहे। एक-दूजे से प्रेम समर्पण से पूर्व भी दोनों स्थिर थे, बाद में भी शांत थे। मुँह से निकले चंद मीठे शब्द अगर हृदय में भूचाल मचा जाएँ या मन को परिवर्तित कर जाएँ तो इसे ही सच्चे प्रेम का सबूत मात्र समझना सही नहीं ! जो जैसा है वैसा ही रहे तो ही प्रेम साकार है और निश्चित ही ऐसा प्रेम एक लंबा रास्ता तय करने में सक्षम हो सकेगा।

प्रेम छुपाकर रख ली जाने वाली वस्तु नहीं। अब दोनों का प्रेम धीरे-धीरे चर्चा का विषय बनने लगा था। प्रेम हवा में सुगंध से भी तेज़

फैलता है और सच्चे प्रेम के बीच कठिनाइयाँ ना हों, ऐसा तो हो ही नहीं सकता। जहाँ लोग दोनों के बारे में बातें करने लगे थे, वहीं दूसरी ओर दोनों ने अपना भविष्य एक-दूसरे के साथ देखते प्रारंभ कर दिया था। समय जिस तेज़ी के साथ निकलता जा रहा था इसकी कल्पना करना भी कठिन था। इधर पढ़ाई पूरी हो चली थी उधर कविता घरवालों की नज़रों में खटकने भी लगी थी। सुंदर भी अभी बेरोज़गार था और कविता इस बात से परेशान थी कि अभी तक न तो वह अपना भविष्य बना पाया है और न ही कुछ करता है।

कविता एक समृद्ध ब्राह्मण परिवार से थी। वहीं दूसरी ओर सुंदर वैश्य परिवार से था और आर्थिक दृष्टि से वह कविता के परिवार की तुलना में एक-चौथाई भी नहीं था। उसके पिता गाँव में छोटी-सी परचून की दुकान चलाते थे, जिसमें बड़ी मुश्किल से परिवार का गुज़ारा होता था। जिस संघर्ष के साथ वो पला-बढ़ा था उसमें होने वाली मानसिक पीड़ा केवल सुंदर ही समझ सकता था। ऐसी परिस्थिति में मेहनत से पढ़ना-लिखना अपने आप में किसी बड़ी सफलता से कम नहीं था। सुंदर में हज़ार ख़ूबियाँ भले ही थीं, मगर एक साधारण परिवार में पैदा होना उसका सबसे बड़ा गुनाह था। वह कविता से प्रेम तो बहुत करता था, पर ग़रीबी और अमीरी के बनाए नियमों से पार पाना आसान नहीं था।

आज चाचा जी दफ़्तर से जल्दी घर आ गए।

"चाचा जी, आज इतनी जल्दी आ गए, तबीयत ठीक है न?"

"हाँ बेटा, सही है।"

"तो फिर आज बड़ी जल्दी क्यों आ गए?"

"गाँव से संदेश आया है। अम्मा ने कहलवाया है कि तुझे लेकर

गाँव आ जाऊँ।"

"मुझे लेकर क्यों?"

"क्या पता, हो सकता है अम्मा ने तेरे लिए कोई अच्छा-सा लड़का देख लिया हो।" इतना कहकर चाचा मुस्करा दिए और फिर बोले, "और क्या पता अपनी पोती की याद आ रही हो इसलिए बुलाया हो।"

"दादी को याद और वो भी मेरी? कैसा मज़ाक़ करते हैं आप भी।"

"अरे बेटा मज़ाक़ कैसा! पोते-पोती तो सबको अच्छे लगते हैं न।"

"लगते होंगे, मगर मेरी क़िस्मत इतनी अच्छी नहीं है।"

"अच्छा बहुत बातें बनाने लगी है। तू अब चाचा से ज़ुबान लड़ाएगी!" झूठा गुस्सा दिखाते हुए चाचा जी बोले।

"नहीं चाचा जी, माफ़ी, अब नहीं करूँगी।" कुछ डरकर कविता ने कहा।

"अरे गुड़िया, चल अब जल्दी से तैयार हो जा, घर जाना है।"

"चाचा जी, मेरा जाना ज़रूरी है क्या?"

"हाँ और क्या, अपनी दादी को जानती तो है ही तू! क्यों मुझे बातें सुनवाना चाहती है, चुपचाप तैयार हो जा, फिर निकलते हैं।"

कविता चाचा जी के आदेश पर गाँव जाने के लिए तैयार तो हो गई थी, पर अंदर से बिल्कुल भी ख़ुश नहीं थी। वह फिर से अपनी पुरानी यादों की ओर जाना नहीं चाहती थी, मगर गाँव से संदेश आया था तो जाना पड़ा। राकेश को इस बात का डर सता रहा था कि कहीं अम्मा की तबीयत न ख़राब हो क्योंकि उनकी उम्र भी काफ़ी हो चुकी थी। रास्ते भर दोनों ही सोच में डूबे रहे कि आख़िर ऐसी क्या बात हुई होगी जो अम्मा ने इतनी जल्दी में घर बुलाया।

दोपहर में दोनों गाँव के लिए निकले थे और अब शाम का वक़्त हो रहा था। राकेश और कविता दोनों घर पहुँचे ही थे कि देखा अम्मा बाहर दरवाज़े पर ही बैठी थी, साथ में गाँव-घराने के पंद्रह-बीस लोग पंचायत लगाए बैठे थे। दोनों दरवाज़े पर पहुँचे ही थे कि अम्मा ने ताने देना शुरू कर दिया।

"मैंने तो पहले ही कहा था शादी-ब्याह करा दे इसका, पर तुझे तो इसे पढ़ा-लिखा के कलेक्टर बनाना था। ले बन गई न कलेक्टर? अब जग-हँसाई होगी तब अच्छा लगेगा तुझे? मैं तो पहले ही कहती थी ये नाक कटवाकर ही मानेगी।"

"माँ क्या कह रही हो आप? जब देखो इसे कोसती ही रहती हो।"

"हाँ तो तू क्या चाहता है, मैं इसकी पूजा करूँ!"

"मत करो पूजा, मगर बिना बात के बद्दुआ तो मत दिया करो।"

"बिना बात के नहीं, इससे पूछ किसके साथ घूमती है ये पढ़ाई-लिखाई के बहाने।"

"क्या कह रही हो?"

"कह क्या रही हूँ, इससे पूछ कहाँ-कहाँ इसके प्रेम-प्रसंग चल रहे हैं।"

"प्रेम-प्रसंग? कविता, ये अम्मा क्या कह रही हैं?"

अम्मा की बात सुनकर राकेश के पैरों तले ज़मीन खिसक गई। कुछ देर के लिए वह कभी अम्मा की तरफ़ देखता तो कभी कविता की ओर। कविता ये सब सुनकर शांत थी। उसे इस बात का आभास हो चुका था कि उसके और सुंदर के बारे में दादी को पता चल गया है। और शायद सारे गाँव को भी। कविता इस बात को समझ चुकी थी

कि प्रेम को छुपाना ऐसा ही है जैसे हाथी को चादर के सहारे ढकने की कोशिश करना।

न जाने कैसे सुंदर और कविता के प्रेम की बात महाविद्यालय से कविता के घर जा पहुँची थी। दादी भरे गाँव के सामने ही ताने दिए जा रही थी और कविता बिना कुछ कहे चुपचाप सुनती जा रही थी। बीच-बीच में राकेश अम्मा को चुप हो जाने का इशारा कर रहा था, मगर अम्मा कहाँ सुनने वाली थी!

"अम्मा, हुआ क्या है पूरी बात बताओगी भी?" राकेश ने इतना कहा, फिर अम्मा और कविता को अंदर आँगन में खींचकर ले गया।

कविता ने बिना डरे राकेश से कहा, "चाचा जी, मैं एक लड़के से प्रेम करती हूँ और वह भी मुझे बहुत प्रेम करता है। हम दोनों अपना भविष्य एक-दूसरे के साथ देखते हैं।"

अम्मा फिर ग़ुस्से में बोली, "देख रहा है भरे गाँव के सामने कैसे बेशर्मी से अपनी रासलीला की गाथा गा रही है ये! यही सब पढ़ने गई थी शहर में! पता नहीं कौन बिरादरी का है, कहाँ रहता है, क्या करता है।"

राकेश ने तुरंत कविता से पूछा, "कविता, कौन है वो लड़का, कहाँ रहता है, किस बिरादरी से है?"

"पता नहीं चाचा, मगर ब्राह्मण नहीं है।"

"वो ब्राह्मण नहीं है फिर भी तुमने उसके साथ अपना भविष्य कैसे सोच लिया?"

अम्मा बोली, "ये हमें समाज में जीने नहीं देगी। पैदा होते ही माँ को खा गई और लगता है हमारी और हमारी इज़्ज़त की अर्थी भी यही उठाएगी।"

"माँ, मुझे सोचने दो, इतना अधिक बोलना सही नहीं है। कविता, तुम अंदर जाओ, मुझे अम्मा से कुछ बात करनी है।"

"जी चाचा जी।" इतना कहकर भरे मन से कविता अंदर कमरे में चली गई।

"अरे सोच क्या रहा है तू! ये यहीं गाँव में रहकर पढ़ सके तो पढ़े वरना चूल्हा-चौका करना सीखे। ज़रूरत नहीं है इसे कहीं ले जाने की। मैंने दयाल पंडित जी से बोल दिया है कि इसके लिए कोई लड़का देखकर महीने भर में बता दें, तो इस बोझ को विदा करें। साथ में यह भी कह दिया है कि हमारे पास दहेज में देने के लिए फूटी कौड़ी नहीं है इसलिए कोई राजकुमार नहीं चाहिए। कैसा भी हो, बस अपनी बिरादरी का हो।"

"अम्मा, थोड़ा सबर से काम लो। ऐसी नफ़रत और ऐसा व्यवहार कविता को उस लड़के के प्रेम की ओर और अधिक आकर्षित कर सकता है।"

"तू सोचता रह, मैं तो मार दूँगी ऐसी औलाद को जिसने हमारे समाज के बारे में नहीं सोचा।"

"माँ, कविता अभी बच्ची है और बच्चे सामाजिक बंधनों के बारे में इतना नहीं सोचते। मगर तुम तो बड़ी हो, थोड़ा समझदारी और चतुराई से काम ले सकती हो।"

किसी तरह राकेश ने अम्मा को समझाकर शांत किया। अब राकेश के लिए बड़ी परेशानी खड़ी हो चुकी थी। वह सोच रहा था कि क्या कविता उस लड़के को लेकर इतना अधिक गंभीर है ? अगर ऐसा हुआ तो अनर्थ हो जाएगा! पता नहीं कौन है और किस समाज, किस बिरादरी

का है। अगर कुछ ग़लत हो गया तो गाँव में तो हाहाकार मच जाएगा। चौखट पर गाँव क़दम रखने तो क्या थूकने तक नहीं आएगा। ये बात भी राकेश अच्छे से जानता था कि कविता कोई भी काम हँसी-मज़ाक़ में नहीं करती। वह बचपन से जिन परिस्थितियों से गुज़री थी उन्होंने उसे बहुत ही गंभीर हृदय का बना दिया था। वो हर काम को बहुत ही गंभीरता से और सोच-समझकर ही करती थी। उसका कोई भी निर्णय मज़ाक़ बिल्कुल नहीं होता था। इसीलिए राकेश की चिंता और अधिक थी।

आँखें बंद कर राकेश वहीं आँगन में लेट गया और मन-ही-मन में ख़ुद से कहा– 'कविता, तूने ये क्या अनर्थ कर दिया! इस देश में लड़कियों का प्रेम करना अगर ग़लती है तो दूसरे समाज में प्रेम करना पाप है! और शायद तू ये गुनाह कर गई है, बेटा।'

परेशानी के बीच, सोचते-सोचते शाम हो गई। राकेश कविता के पास गया और देखा कि वह किताब खोले पढ़ाई कर रही थी। राकेश ने उसके सिर पर हाथ फिराया।

"पढ़ाई कैसी चल रही है, बेटा?"

"अच्छी... अच्छी चल रही है।"

"तुझसे कुछ बात करनी है।"

"जी कहिए।" कविता ने बिना सिर उठाए कहा।

"हम सोच रहे हैं तुम्हारी शादी कर दी जाए।"

ये सुनकर अचानक कविता की क़लम ठहर गई, "मगर चाचा जी, इतनी जल्दी क्यों?"

"जल्दी कहाँ बेटा, यही तो सही उम्र है शादी-ब्याह की।"

"मगर चाचा जी, मैं किसी और को पसंद करती हूँ। दादी दिन में

जो भी कुछ कह रही थीं वह सही है।"

"अच्छा तो कौन है वो प्यारा लड़का, हमें भी तो बताओ?" प्यार से सारी बातें जानने की कोशिश करते हुए राकेश ने पूछा, "तुम्हारे साथ पढ़ता है या कोई और है?"

"चाचा जी, सुंदर मेरे साथ ही पढ़ता है। हमारे गाँव के बग़ल में जो गाँव है न, हरिहरपुर, वहीं का रहने वाला है।"

"कौन-सा गाँव है?"

"जी हरिहरपुर।"

"मगर वह तो ब्राह्मणों का गाँव नहीं है!"

"जी चाचा जी।"

"देखो कविता, तुम जानती हो मैंने तुम्हें किस तरीक़े से तुम्हारी चाची की मर्ज़ी के ख़िलाफ़ जाकर अपने पास रखा, पढ़ाया-लिखाया। मैं चाहता हूँ कि तुम अपना सारा ध्यान अभी आगे की पढ़ाई पर लगाओ। ये प्रेम-व्रेम कुछ दिनों की बातें होती हैं। जीवन प्रेम से नहीं, समाज के साथ मिलकर चलता है। जेब में पैसे और समाज में इज़्ज़त नहीं होगी तो क़िस्मत की फ़क़ीरी लिए दर-दर ठोकरें खानी पड़ेंगी। सोच लो अपने मन में अच्छे से। उसे छोड़ दो तो अच्छा है, वरना ज़बरदस्ती करना मुझे क़तई अच्छा नहीं लगेगा। वैसे तुम समझदार हो इसलिए अब हम सब कुछ तुम पर छोड़ते हैं।"

राकेश आवेग में बोलता रहा और कविता निराश सुनती रही। कविता का मन बहुत दुखी था। क्या एक लड़की को अपनी मर्ज़ी से अपना भविष्य चुनने का अधिकार नहीं? अधिकार की बात तो दूर, उसके पास ऐसा कोई विकल्प भी नहीं बचा था जिसे अपनाकर वह इस दुख से पार

पा सके। उसके माँ-बाप नहीं थे इसलिए वह पूरी तरह रिश्तेदारों पर ही आश्रित थी। चाचा ने अपने पास रखा, पढ़ाया-लिखाया तो उनकी मर्ज़ी के ख़िलाफ़ जाकर कुछ भी करना पाप करने के समान था। चाचा के एहसानों का बदला चुकाना वैसे भी बड़ा मुश्किल था। बात अगर केवल दादी की ज़िद की होती तो कविता उसे अनसुना कर सकती थी, पर बात चाचा जी के मान-सम्मान की थी। उसने ये बात किताबों में पढ़ी थी कि औरत हमेशा से ही अग्निपरीक्षा देती आई है, लेकिन उसको इस बात का वास्तविक भावार्थ आज पहली बार महसूस हो रहा था।

कविता और चाचा जी शहर वापस आ गए, मगर एक ही दिन में बहुत कुछ बदल गया था। अभी तक जो कविता अपने प्यारे चाचा की गुड़िया की तरह उनसे खेलती, खुलकर बातें करती रहती थी, वह आज उनसे नज़रें मिलाने में झिझक रही थी। वह स्वयं को एक गुनहगार की भाँति महसूस कर रही थी। उधर चाचा जी उसको अपनी बेटी से भी ज़्यादा मानते थे इसलिए उन्हें पूरा विश्वास था कि कविता उनका भरोसा कभी नहीं तोड़ेगी। एक-दो दिन में ही वह ये सब भूल गए और फिर से सब पहले जैसा चलने लगा।

राकेश तो सब भूल चुका था, मगर कविता की परेशानी दिन-प्रतिदिन बढ़ती जा रही थी।

कई दिनों बाद कविता और सुंदर मिले। कविता ने सारी बात सुंदर को बताई। दोनों सोच रहे थे कि कैसे ये बात कविता के गाँव तक पहुँची, किसने बताया होगा। दोनों ही एक-दूसरे के लिए परेशान थे कि कहीं कोई सुंदर को नुक़सान न पहुँचा दे या कहीं कविता की शादी जल्दबाज़ी में किसी ऐसी-वैसी जगह न कर दी जाए। तमाम प्रश्न दोनों को घेरे हुए

थे। अब आगे क्या? क्या ये साथ यहीं तक था? क्या अब दोनों को अलग हो जाना चाहिए? दो बरस के प्रेम का अंत यहीं हो जाएगा? न जाने ऐसे कितने सवालों के साथ बहुत ही चिंतन-मनन करने के बाद दोनों ने यह निर्णय लिया कि वो एक-दूसरे को नहीं छोड़ेंगे, आगे जो भी होगा देखा जाएगा।

दोनों ने यह निर्णय लिया कि फ़िलहाल के लिए कविता चाचा जी को यह विश्वास दिला देगी कि उसका सुंदर के संग कोई संपर्क नहीं है और उसका पूरा ध्यान केवल और केवल अपने भविष्य पर ही केंद्रित है। जब सुंदर की कोई अच्छी नौकरी लग जाएगी तब वह अपने चाचा को समझा लेगी। झूठ बोलने और चाचा जी को धोखे में रखने में कविता का मन दुखी तो था, परंतु इस झूठ से किसी का कोई नुक़सान नहीं हो रहा था, बल्कि दोनों के रिश्ते को सहारा मिल रहा था। इसलिए यह झूठ शायद कोई पाप नहीं था। कविता को एक बात का पता चल गया था कि भले ही वो एक उच्च कुल में पैदा हुई थी, मगर उसकी ये ऊँची पहचान ही उसके सपनों का गला घोंटने पर आमादा थी। ये धर्मवाद और जातिवाद कभी भी किसी भी रूप में किसी का भला नहीं कर सकते, बल्कि व्यक्ति के घमंड को बढ़ावा देने का कार्य ही करते हैं और उससे कहीं ज़्यादा, दूसरों को नीचा दिखाने का।

दिन, महीने, साल इसी इंतज़ार में बीतते रहे कि एक दिन कविता के घरवाले सुंदर से उनकी शादी के लिए मान जाएँगे। उधर कविता के चाचा उससे पहले ही साफ़-साफ़ कह चुके थे कि वो इस रिश्ते के लिए बिल्कुल भी राज़ी नहीं हैं। साथ ही यह भी कह चुके थे कि अगर दोनों अपनी मर्ज़ी चलाना चाहते हैं तो शादी कर सकते हैं, वो मना नहीं

करेंगे। राकेश बहुत अच्छे से जानता था कि इस बात पर सुंदर एक बार के लिए राज़ी हो भी जाए, पर चाचा के सम्मान के लिए कविता कभी भी राज़ी नहीं होगी।

अध्याय 6

सुंदर की नौकरी लग चुकी था। वह एक अध्यापक बन गया था। अब इस बात से दोनों में एक आशा की किरण जाग गई। लेकिन बात अगर केवल नौकरी की होती तो कब का इस समस्या का समाधान हो चुका होता। अगर केवल अच्छी नौकरी मिलने या अपने पैरों पर खड़े हो जाने मात्र से ही ऊँच-नीच का कलंक सिर से मिट जाता तो यह देश कब का जाति-मुक्त हो गया होता। ऊँचे समाज में परिवार की इज़्ज़त के लिए ऊँची जाति का लड़का होना ही एकमात्र शर्त है, दूसरा कोई विकल्प है ही नहीं। फिर चाहे बेटी की गर्दन पर हँसिया चलाने की बात हो या बेटी के सपनों और भावनाओं पर।

कविता के लिए समाज में परिवार का सम्मान बहुत महत्त्वपूर्ण था लेकिन समाज की इस खोखली शान-ओ-शौकत से कहीं ज़्यादा ज़रूरी सुंदर के लिए वो प्रेम था जो पिछले कई वर्षों से परिवार व समाज की स्वीकृति का इंतज़ार कर रहा था। कविता के लिए ये महत्त्वपूर्ण नहीं था कि समाज क्या कहेगा, या करेगा। परेशानी यह थी कि वह तय नहीं कर पा रही थी। भाग्य ने उसे ऐसे दोराहे पर लाकर खड़ा कर दिया जहाँ से उसके लिए यह निर्णय लेना बहुत कठिन था कि वह किस राह पर जाए।

अगर वह चाचा जी के सामाजिक सिद्धांतों के साथ गई तो अपने प्रेम की बलि देनी होगी और अगर सुंदर के प्रेम के साथ गई तो चाचा जी के सम्मान को फाँसी पर चढ़ाना होगा। दोनों ही परिस्थितियों में समझौता कविता को ही करना था। स्त्री को जैसे बनाया ही समझौते के लिए गया है। एक बेटी के रूप में हो या बहन के रूप में, माँ के रूप में हो या पत्नी के रूप में, अगर जन्म स्त्री रूप में लिया है तो सिर झुकाकर ही चलना होगा, यही समाज के सिद्धांत हैं, यही नियम हैं। चाचा जी समय-समय पर उसको समझाते रहते थे कि वह मान जाए और किसी अच्छे ब्राह्मण परिवार में शादी कर ले। लेकिन कविता मजबूर थी क्योंकि प्रेम हो गया तो हो गया।

उधर सुंदर के पिता का स्वास्थ्य भी बिगड़ता जा रहा था। वो अपने इकलौते बेटे का घर बसते हुए देखना चाहते थे। सुंदर भी कई सालों से कविता का इंतज़ार कर रहा था। वह अकसर कविता से पूछा करता कि हम शादी कब करेंगे और कविता की तरफ़ से सिर्फ़ एक ही जवाब आता था कि बहुत जल्द। अब सुंदर के सामने पिता की बीमारी की वजह से परेशानी खड़ी हो चुकी थी और उसके लिए और इंतज़ार करना शायद संभव नहीं था।

एक दिन सुंदर निश्चय करके कविता से मिलने के लिए आया और पूछा,

"हम शादी कब करेंगे?"

"बहुत जल्द।"

"बहुत जल्द कब? चार साल तो हो गए हैं।"

"हाँ पता है, मगर करें क्या?"

"ऐसा तो नहीं कि तुम अंत में अपने परिवार के दबाव के तले मुझे छोड़ दोगी?"

"नहीं बिल्कुल भी नहीं, ऐसा कभी नहीं होगा।"

"देखो कविता, मेरे पिता चाहते हैं वो एक बार मेरा परिवार बसा हुआ देख लें, उनके पास शायद अब ज़्यादा समय नहीं है। मेरा भी मन है कि मैं उनकी जितनी सेवा कर सकूँ, कर लूँ। अच्छा होगा तुम अपने परिवार से एक बार और बात करो।"

"मैं कर चुकी हूँ, एक बार नहीं कई बार। अब तो मैं केवल इंतज़ार कर सकती हूँ।"

"मगर मैं नहीं कर सकता, मेरी परेशानी समझो।"

"हाँ मैं समझ सकती हूँ।"

"तो फिर कुछ करती क्यों नहीं हो? देखो मैं शायद अब और इंतज़ार ना कर पाऊँ। अच्छा होगा अगर तुम अब हमारे बारे में सोचो।"

वह कविता को आख़िरी चेतावनी-सी देकर अपने घर के लिए निकल गया। साथ ही यह भी साफ़ कर गया कि अब उसके लिए और अधिक इंतज़ार करना संभव नहीं होगा।

काम-काज और नौकरी मासूम बचपन और गाँव की गलियों से अलग कर देती है। आदमी कब चंद काग़ज़ के टुकड़ों की चाह में तमाम हीरे जैसे रिश्तों और घर-बार से बिछड़ जाता है, पता नहीं चलता। सुंदर को एक तरफ़ गाँव जाने की ख़ुशी थी तो दूसरी ओर इस बात की फ़िक्र थी कि इस बार फिर से पिता जी शादी के लिए बोलेंगे तो क्या कहूँगा! सुंदर दोपहर ढलते तक गाँव पहुँचा। गाँव में क़दम रखते ही उसे अपनेपन का अनुभव हुआ। दुनिया भर का सारा अकेलापन अपने

घर व अपने गाँव या अपने शहर में पैर रखते ही छू हो जाता है। अपनी जगह से इतनी यादें जुड़ी होती हैं कि जैसे साथ में यादों की एक भीड़ इकट्ठा हो लेती है।

सुंदर घर की दहलीज़ पर पहुँचा ही था कि कुछ चीख़-पुकार सी कान में पड़ी। सुंदर को ये आभास हो गया कि कोई-न-कोई अनहोनी हो चुकी है। घर में क़दम रखते ही उसकी आँखें फटी-सी रह गईं। ऐसा दृश्य सामने था कि देखकर दिल बाहर आने को तैयार था। आँगन में बेजान हाड़-मांस का शरीर रखा था, एक सफ़ेद चादर से लाश ढकी हुई थी। सुंदर की माँ मिट्टी के सिरहाने असुध-सी हालत में पड़ी बिलख रही थी। ये सब देख सुंदर की स्तब्ध आँखों में नमी उतर आई। समझ तो आ ही गया था कि पिता का साया सर से उठ चुका है। वह दहाड़ मारकर रोना-चिल्लाना चाह रहा था, मगर मुँह से कुछ निकल ही नहीं रहा था। अंततः किसी तरह आँखों से आँसू बाहर आ आए। वो चाहता था कि पिता के पैरों पर गिरकर अपना सिर उनके क़दमों पर रखे और आख़िरी बार आशीर्वाद ले ले, मगर अब पिता का हाथ सिर तक नहीं आ सकता था।

सत्य है कि मरकर भी माँ-बाप का आशीर्वाद किसी-न-किसी रूप में सदैव अपने बच्चों पर रहता है। जब भी सुंदर घर वापस आया करता था तो सबसे पहले पिता जी के कमरे में जाकर पैर छूता था और पिता जी उसके सिर पर हाथ रखकर कहा करते थे– 'ख़ूब बड़े हो जाओ।' अजीब विडंबना है कि पैर छूकर सुंदर पिता की ओर देख रहा था कि फिर से एक बार कह दें– 'ख़ूब बड़े हो जाओ।' आज से पहले उसने ऐसी परिस्थिति कभी नहीं देखी थी और न ही अपनी माँ को कभी ऐसे

रोते देखा था। कैसा लगता होगा जब एक औरत अपने सुहाग को हमेशा के लिए खो देती होगी! वो अपनी माँ के आँसू देख सकता था, चीख़ें सुन सकता था, मगर कलेजे में लगी आग को महसूस नहीं कर सकता। कितना साहस होता होगा उस औरत के अंदर जो अपने सामने अपने भगवान को मृत पड़ा हुए देखने का हृदय रखती है। सुंदर सोच रहा था कि जिस पिता ने उसे अपनी गोद में खिलाया, अपने कंधों पर घुमाया, जिसके बिना उसकी कोई पहचान ही नहीं, उसे अपने हाथों से कैसे आग लगा दे! क्या ये पाप नहीं है कि अपने जन्मदाता को कोई जलती हुई आग में फेंक आए! लेकिन सौ बात की एक बात है कि– 'बीत जाते हैं दिन और रात, फिर साल बीत जाते हैं/ आख़िर किसी के जाने से ज़िंदगी तो नहीं रुकती।'

महीने भर बाद सुंदर वापस आ गया। वक़्त निकालकर कविता भी सुंदर से मिली और उसे ऐसा महसूस हुआ जैसे सुंदर का व्यवहार कुछ बदला-बदला सा था।

"तुम परेशान मत हो सुंदर, सब ठीक हो जाएगा।"

"अब ठीक होने को बचा ही क्या है!"

"ईश्वर की इच्छा के सामने हम कर भी क्या सकते हैं!"

"क्यों नहीं कर सकते थे? अगर तुम चाहती तो शादी हो सकती थी, मगर तुम..."

"ऐसा नहीं है।"

"ऐसा ही है कविता, आज मेरी इस हालत की ज़िम्मेदार केवल तुम हो।"

"ऐसा मत बोलो। मेरी इसमें क्या ग़लती है, आख़िर मैं कर भी क्या सकती थी?"

"कम-से-कम एक बार आकर मिल तो सकती थी न! ऐसे में तो दुश्मन भी साथ दे जाते हैं।"

"सुंदर, मैं इसलिए नहीं आई कि कहीं लोग बातें न बनाएँ।"

"ओह अच्छा! सही बात है कभी कोई ये न कह दे कि ब्राह्मण की बिटिया बनियों के गाँव में, तो तुम्हारी क्या इज़्ज़त रह जाती!"

कविता बस सुनकर रह गई। जिसे वह प्यार करती थी, जिसके लिए सारे समाज व अपने ख़ुद के परिवार से लड़ रही थी, उसे भी यह लगता था कि उसकी ऐसी परिस्थिति की ज़िम्मेदार कविता ही है। कविता को बचपन से लेकर आज तक केवल ताने ही मिले थे। अब सुंदर ने अपने पिता की मृत्यु में भी उसकी ज़िम्मेदारी तय कर दी थी।

कविता सुंदर से मिलकर वापस लौट गई, मगर उसकी रात यह सोचने में बीत गई कि क्या सुंदर की इस हालत की ज़िम्मेदार भी वही थी! क्या सच में वह सुंदर को इतना इंतज़ार करवाकर कोई ग़लती तो नहीं कर रही! क्या उसे अब समाज और परिवार को किनारे रख चाचा जी से साफ़ कह देना चाहिए कि वह सुंदर से ही शादी करेगी! इन सब सवालों का एक ही उत्तर उसके मन में आया और उसने निर्णय ले लिया कि हाँ यह सब चाचा जी से कहकर इस दुविधा को ख़त्म करने का समय अब आ गया है।

कुछ समय और बीत गया। सुंदर की नौकरी लग गई। वह एक इंटर कॉलेज में पढ़ाने लगा। बहुत दिनों तक मनाने और विनती करने के बाद किसी तरह कविता ने चाचा राकेश को शादी के लिए राज़ी कर ही

लिया। चाचा जी को इस बात से आश्वस्त भी किया कि जैसा वो कहेंगे, दोनों वैसा ही करेंगे और दोनों को चाचा जी की हर शर्त स्वीकार होगी। चाचा जी बेमन से शादी के लिए राज़ी तो हो गए, मगर यह शर्त भी रख दी कि सुंदर अपने व कविता के गाँव के आस-पास रहकर नौकरी नहीं करेगा। वह कहीं दूर चला जाए ताकि किसी गाँव वाले या जान-पहचान वाले को यह न पता चले कि बिटिया का ब्याह दूसरी बिरादरी में हुआ है। साथ ही कहीं-न-कहीं राकेश के मन में यह बात भी थी कि कविता के लिए सुंदर सब कुछ छोड़कर जाने को कभी तैयार न होगा और दोनों एक-दूसरे से अलग हो जाएँगे।

लेकिन कविता और सुंदर का प्रेम ऐसा नहीं था जो एक शर्त से कमज़ोर पड़ जाता और न ही दूरियों की वजह से वे दोनों अलग हो जाने वालों में थे। शर्त के अनुसार सुंदर बहुत ही दुखी मन के साथ अपना तबादला करवाकर दूर सोनकपुर आ गया। जब हम किसी जगह, शहर या गाँव में एक अरसा गुज़ार देते हैं तो वह केवल एक जगह भर नहीं रह जाती, बल्कि हमारा घर होती जाती है। पूरा शहर हमारा अपना हो जाता है। वहाँ कई गली-कूचे हमारे दोस्त हो जाते हैं। हर एक दिन हम वहाँ की सड़कों के संग गुज़ारते हैं। ऐसा लगता है जैसे हम नहीं चलते, ये सड़कें हमें हमारी मंज़िल की ओर ख़ुद-ब-ख़ुद ले जाती हैं। हर किराने और चाय की दुकान पर खड़े गली-मोहल्ले के लोग जब हँसकर दुआ-सलाम करते हैं तो ऐसा लगता है जैसे ये सब अपने ही तो हैं। एक ऐसा शहर जहाँ पर सुंदर और कविता ने अपना आशियाना बनाने के सपने देखे थे, वह शहर सुंदर को छोड़ना पड़ रहा था। इस सब से भी बढ़कर जो दुख सुंदर को था वह यह कि अब वह कविता से मिल नहीं पाएगा।

यहाँ साथ थे, तो कम-से-कम हर रोज़ एक-दूसरे को देख तो लिया करते थे। अब कविता को देख पाना भी मयस्सर नहीं था। लेकिन फिर मन को ये बात सुकून दे देती थी कि कुछ दिनों की बात ही तो है, फिर तो दोनों एक हो ही जाएँगे।

जब व्यक्ति किसी के इंतज़ार में होता है, उसका समय बड़ी मुश्किल से कटता है और अगर समय लंबा हो तो फिर और भी परेशानी होती है। सुंदर का तबादला हुए साल भर बीत चुका था। कविता के परिवार ने भरपूर कोशिशें कीं कि किसी-न-किसी तरह कविता और सुंदर एक-दूसरे से दूर हो जाएँ, पर दोनों ने परिवार व समाज की परेशानियों के आगे अपना सिर नहीं झुकाया। आख़िर में चाचा राकेश ने बेमन से निर्णय लिया कि दोनों की शादी कराना ही बेहतर विकल्प होगा।

दोनों इस बात का विश्वास नहीं कर पा रहे थे कि उनकी सालों की तपस्या पूरी होने को थी। अपनी शादी को लेकर दोनों ही बहुत ख़ुश थे। दूसरी ओर, राकेश मन से थोड़ा दुखी तो था कि वो अपने परिवार और समाज के विरुद्ध जाकर भतीजी की शादी करा रहा था, परंतु उसके मन को इस बात की संतुष्टि भी थी कि कविता को जन्म के बाद शायद आज पहली बार मन से ख़ुशी मिली थी, वरना बिना माँ-बाप की इस बच्ची ने बचपन से दुख के सिवा और कुछ नहीं देखा था। ठीक इसके विपरीत कहीं ज़्यादा दुख कविता की चाची और दादी को था, क्योंकि अगर किसी को पता चला कि पंडितों की लड़की एक दूसरे घराने में ब्याही जा रही है, तो समाज में उन्हें ताने मिलेंगे। चाचा राकेश को छोड़कर विदा होने वाली बिटिया को परिवार के बाक़ी लोग बद्दुआएँ और गालियाँ दे रहे थे।

आख़िरकार कविता की शादी का दिन आ गया। फेरों का कार्यक्रम चल रहा था। हिंदू धर्म की विवाह-व्यवस्था में सात फेरों के साथ सात वचनों का महत्त्व कविता बहुत अच्छे-से जानती थी। पंडित जी ने जैसे ही फेरों पर वचन पढ़ना शुरू किया, कविता ने उन्हें रुकने के लिए कहा। सब कविता को घूरने लगे कि आख़िर वह क्या करना चाह रही है!

कविता ने कहा, "पंडित जी, ये सात वचन एक पति और पत्नी के लिए बहुत ज़रूरी होते हैं न?"

"हाँ बिटिया।"

"ऐसा क्यों?"

"जिस तरह ईश्वर ने सात रंग बनाए हैं और संगीत सात सुरों से बना है, ठीक इसी तरह सात वचनों से तुम दोनों का वैवाहिक जीवन सुंदर और सुरीला होगा।"

"पंडित जी, मैं ये सात वचन अपने होने वाले जीवनसाथी से स्वयं माँगना चाहती हूँ।"

"मगर बेटा, तुम्हें पता भी है ये वचन कौन-से हैं?"

कविता सुंदर की तरफ़ देखकर वचन पढ़ने लगी।

"तीर्थव्रतोद्यापन यज्ञकर्म मया सहैव प्रियवयं कुर्या:

वामांगमायामि तदा त्वदीयं ब्रवीति वाक्यं प्रथमं कुमारी!

यदि आप कभी तीर्थयात्रा को जाओ तो मुझे भी अपने संग लेकर जाना। कोई व्रत-उपवास अथवा अन्य धर्म कार्य आप करें तो आज की भाँति ही मुझे अपने वाम भाग में अवश्य स्थान दें। यदि आप इसे स्वीकार करते हैं तो मैं आपके वामांग में आना स्वीकार करती हूँ।"

"मैं वचन देता हूँ।" सुंदर ने कहा।

"द्वितीय वचनपुज्यौ यथा स्वौ पितरौ ममापि तथेशभक्तो निजकर्म कुर्या:

वामांगमायामि तदा त्वदीयं ब्रवीति कन्या वचनं द्वितीयम!

जिस प्रकार आप अपने माता-पिता का सम्मान करते हैं, उसी प्रकार मेरे माता-पिता का भी सम्मान करें तथा कुटुंब की मर्यादा के अनुसार धर्मानुष्ठान करते हुए ईश्वर भक्त बने रहें तो मैं आपके वामांग में आना स्वीकार करती हूँ।"

"मैं वचन देता हूँ।"

"तृतीय वचनजीवनम अवस्थात्रये मम पालनां कुर्यात

वामांगमायामि तदा त्वदीयं ब्रवीति कन्या वचनं तृतीयं।

यदि आप मुझे ये वचन दें कि आप जीवन की तीनों अवस्थाओं (युवावस्था, प्रौढ़ावस्था, वृद्धावस्था) में मेरा पालन करते रहेंगे, तो ही मैं आपके वामांग में आने को तैयार हूँ।"

"मैं वचन देता हूँ।"

"चतुर्थ वचनकुटुंबसंपालनसर्वकार्य कर्तु प्रतिज्ञां यदि कातं कुर्या:

वामांगमायामि तदा त्वदीयं ब्रवीति कन्या वचनं चतुर्थं!

अब तक आप घर-परिवार की चिंता से पूर्णतः मुक्त थे। अब जबकि आप विवाह बंधन में बँधने जा रहे हैं तो भविष्य में परिवार की समस्त आवश्यकताओं की पूर्ति का दायित्व आपके कंधों पर है। यदि आप इस भार को वहन करने की प्रतिज्ञा करें तो ही मैं आपके वामांग में आ सकती हूँ।"

"मैं वचन देता हूँ।"

"पंचम वचनस्वसद्यकार्ये व्यवहारकर्मण्ये व्यये मामापि मंत्रयेथा

वामांगमायामि तदा त्वदीयं ब्रूते वचः पंचमत्र कन्या!

अपने घर के कार्यों में, विवाह आदि, लेन-देन अथवा अन्य किसी हेतु ख़र्च करते समय यदि आप मेरी भी मंत्रणा लिया करेंगे तो मैं आपके वामांग में आना स्वीकार करती हूँ।"

"मैं वचन देता हूँ।"

"न मेपमानमं सविधे सखीनां द्यूतं न वा दुर्व्यसनं भंजश्चेत

वामांगमायामि तदा त्वदीयं ब्रवीति कन्या वचनं च षष्ठम!

यदि मैं अपनी सखियों अथवा अन्य स्त्रियों के बीच बैठी हूँ तब आप वहाँ सबके सम्मुख किसी भी कारण से मेरा अपमान नहीं करेंगे। यदि आप जुआ अथवा अन्य किसी भी प्रकार के दुर्व्यसन से अपने आप को दूर रखें तो ही मैं आपके वामांग में आना स्वीकार करती हूँ।"

"मैं वचन देता हूँ।"

"परस्त्रियं मातृसमां समीक्ष्य स्नेहं सदा चेन्मयि कान्त कुर्या

वामांगमायामि तदा त्वदीयं ब्रूते वचः सप्तममत्र कन्या!

आप पराई स्त्रियों को माता के समान समझेंगे और पति-पत्नी के आपसी प्रेम के मध्य अन्य किसी को भागीदार न बनाएँगे। यदि आप यह वचन मुझे दें तो ही मैं आपके वामांग में आना स्वीकार करती हूँ।"

"मैं वचन देता हूँ।"

सात वचनों और फेरों के साथ जन्मों तक साथ रहने की क़समें खाकर दोनों शादी के बंधन में बँध गए। विदाई का वक़्त भी आ गया। कविता को इस बात का बहुत दुख था कि परिवार के नाम पर उसके पास केवल उसके चाचा ही हैं। वही एक थे जो उसे समझते थे। कविता की आँखें नम थीं, आँसू बह रहे थे, मगर विडंबना कुछ ऐसी थी कि

जितना दुख कविता को अपना घर-परिवार छोड़कर जाने का था, उतनी ही नफ़रत और विद्वेष बाक़ी परिवार में स्वयं के लिए देख रही थी। बचपन से अकेली होने के बाद भी उसे आज यह महसूस हो रहा था कि दूसरे घर जा रही है, क्या आगे जीवन में सुंदर उसे ख़ुश रख पाएगा! वह फिर से शांत मन से सोचने लगी और यह आभास होता गया कि आज जीवन की एक नई राह खुल गई है, शायद अब जीवन जीने का कोई लक्ष्य होगा। विदाई के ये आँसू वास्तव में विदाई के आँसू नहीं बल्कि बीती हुई ज़िंदगी में किए गए तप और आने वाले कल की चिंता के सूचक होते हैं। कविता अपने आँसुओं को पोंछती हुई यह संकल्प ले रही थी कि अब अपना जीवन जी भरकर जिएगी, जो बीत गया उसके बारे में सोचकर अपना वर्तमान और भविष्य खंडित नहीं होने देगी।

विदा होते-होते उसकी नज़रें चाचा की ओर थीं कि एक बार चाचा आएँ और अपनी बिटिया को गले से लगाकर आशीर्वाद दें, मगर कहीं-न-कहीं चाचा जी के मन में एक असंतुष्टि थी कि वो कविता को इससे अच्छा भविष्य दे सकते थे और कविता से थोड़ी नाराज़गी भी थी इसलिए जाते-जाते भी वह कविता को आँखों में आँसू लिए दूर से ही देखते रहे।

सुंदर के संग कविता अपने नए घर को रवाना हो गई।

दोनों के लिए बहुत अच्छा दिन था। कविता सुंदर की सुहागन बनी गाड़ी में उसके बग़ल में बैठी थी। दोनों ने एक-दूसरे का हाथ पकड़ा और एक-दूसरे से नज़रें मिलाते हुए ऊपरवाले का शुक्रिया अदा किया। अब दोनों की आँखें एक-दूसरे की आँखों में डूब गईं। अचानक तेज़ आवाज़ के साथ एक धक्का लगा और सामने अँधेरा छा गया।

शराबी जैसी मदहोश अवस्था थी। बहुत धीरे-धीरे आँखें खुल रही

थीं। ऐसा लग रहा था जैसे शरीर में ज़ंग लग गया हो, हाथ-पैर पूरे प्रयास के बाद भी हिलाए नहीं हिल रहे थे। कुछ मिनटों बाद समझ आ गया कि शायद यह कोई अस्पताल था। कविता ने तुरंत सुंदर को आवाज़ लगाई तो बग़ल में खड़ी मैडम ने कहा, "दूसरे वार्ड में है, तुम ज़रा ख़ुद को सँभालो।"

"वह ठीक है न?"

"सब ठीक हो जाएगा, होनी को कौन टाल सकता है!"

"मतलब?"

"मतलब कुछ नहीं, तुम दवा खाओ।"

थोड़ा होश में आने पर पता चला कि विदाई के दिन जब सुंदर कविता को अपनी दुल्हन बनाकर घर के लिए निकला ही था कि कुछ दूरी पर ही उनकी गाड़ी पेड़ से जा टकराई। दुर्घटना बहुत ही भयावह थी। दुर्घटना के तीसरे दिन कविता को होश आया था। वह बच गई थी, मगर सुंदर इस दुनिया को छोड़ चुका था। कविता को सुंदर ने पत्नी के रूप में स्वीकार तो किया, मगर विडंबना देखिए कि उसे अपना परिवार नहीं बना सका।

सुंदर की मृत्यु के बाद कविता को सुंदर के घरवालों ने एक काला साया मानते हुए अपने घर में घुसने से रोक दिया। वहीं कविता ने भी उस घर में वापस जाना स्वीकार नहीं किया जिस घर से वह विदा लेकर सुंदर के साथ आई थी। यह उसका भाग्य था कि दुनिया अब भी उसे मनहूस कहने का कोई भी मौक़ा नहीं छोड़ रही थी। दुख कटते-कटते कटता है। कविता ने फ़ैसला किया कि अब वह सोनकपुर जाकर रहेगी, जहाँ पर कुछ न सही, कम-से-कम सुंदर की यादें तो होंगी।

अध्याय 7

छोटू जी अब सामान्य हो चुके थे। कविता के सपने देखना अब उन्होंने बंद कर दिया था। उसके प्रति एक सांत्वना के सिवाय उनके मन में अब कुछ नहीं था। उनकी फिर से वही पुरानी ज़िंदगी शुरू हो चुकी थी। सुबह दफ़्तर आना, दिन भर खच्चर की भाँति काम में लगे रहना और देर शाम को घर पहुँचकर बिस्तर पर पड़ जाना। अब न ही सामने वाली खिड़की खुलने का इंतज़ार रहता और न ही आहट होने पर दौड़कर देखने की इच्छा होती। उस बात को दो-ढाई महीने बीत गए थे। छोटू जी की ज़िंदगी में दोस्ती के नाम पर रावत जी और प्यार के नाम पर घंटा ही कुछ था।

दफ़्तर में बैठे छोटू जी आनंदित मुद्रा में कुर्सी को ऐसे घुमा रहे थे मानो कुर्सी न होकर झूला हो और बीच-बीच में चाय की चुस्की का मज़ा भी ले रहे थे। सरकारी नौकरी का पूर्ण आनंद तो मानो बस छोटू जी ही ले रहे थे।

उधर रावत जी बस अब एक ही बात के पीछे पड़े हुए थे कि आख़िर उनसे ज़्यादा प्रिय कौन-से मित्र थे छोटू जी के। वो छोटू जी के पास जाकर धक्का देकर कहते हैं, "अरे बता न, कुछ तो बता।"

छोटू जी ने मुस्कराकर कुर्सी खींची और कहा, "सुन! एक क़िस्सा सुनाता हूँ।"

फिर मुस्कराकर सुनाने लगते हैं।

मैं, डांडी और डीके शुरू से ही पक्के दोस्त थे। कमाल की बात यह थी कि हम तीनों के ही नाम किसी कॉमिक कैरेक्टर की तरह मज़ेदार थे। पहला तो मैं था ही, दूसरा था गौरव, जिसे प्यार से हम डांडी कहा करते थे और तीसरा था डीके। हम डीके को डीके इसलिए नहीं पुकारते थे कि उसका पूरा नाम दिनेश कुमार था, बल्कि हमारे अनुसार डीके का भावार्थ था डार्क काला। हमारा भावार्थ यह क्यों रहा होगा इस बात पर प्रकाश डालने की आवश्यकता शायद ही है। दरअसल, गौरव इतना लंबा था जैसे कोई बाँस की डंडी हो, इसीलिए हमने उसको प्यार से डांडी कहना शुरू कर दिया था। डांडी ने अपने जीवन में बहुत से कीर्तिमान स्थापित किए थे। वह कोई साधारण मनुष्य नहीं था। वह पढ़ाई-लिखाई में इतना होशियार था कि सातवीं में तीन बार, दसवीं में दो बार और बारहवीं में दो बार टपक चुका था। दसवीं-बारहवीं का तो फिर भी ठीक है, मगर यह अनुसंधान का विषय है कि सातवीं में तीन बार कौन फ़ेल होता है! डांडी स्वभाव से बड़ा ही संतुष्ट व्यक्ति था। उसका मानना था कि फ़ेल होने पर दुखी होना तो स्वाभाविक है, पर क्या कर सकते हैं, अब फेल हुए सो हुए, अगली बार पास हो लेंगे, कौन-सी ज़िंदगी ख़त्म हो गई!

हमारी दिनचर्या बँधी हुई थी। सबसे पहले उठकर सुबह छह बजे घर के बग़ल वाली गली के मोड़ पर मिलते और पैदल गप्पबाज़ी करते हुए पूरे मोहल्ले का एक चक्कर मार के आधे घंटे में वापस वहीं आ जाते। तब तक सामने वाले बबलू भाई की चाय की दुकान खुल जाया करती।

तीनों एक-एक दिन करके बबलू भैया की चाय एक-दूसरे को पिलाया करते थे। बबलू भाई की चाय में वो स्वाद था कि एक बार जो पी ले, वो किसी और दुकान तो क्या, अपनी बीवी के हाथ की चाय को भी ठोकर मार दे। बबलू भाई की दुकान के ठीक सामने संजय भैया की कोचिंग क्लासेस हुआ करती थी, जहाँ बड़ी प्यारी-प्यारी गुड़िया जैसी कन्याएँ पढ़ने आया करती थीं। हमारा पढ़ाई से तो कोई ख़ास लेना-देना था नहीं, पर चाय की चुस्की के साथ, कोचिंग आने-जाने वाली सुंदर लड़कियों के दर्शन करना प्रमुख रूप से अनिवार्य था। सुबह सात से साढ़े सात बजे तक की शिफ़्ट में कन्याओं के दर्शन कर हम सीधे-सादे बालक की तरह अपने-अपने घर को निकल जाया करते थे।

डांडी की एक छोटी-सी प्रेम कहानी थी जैसे कि हर किसी की हुआ करती है। वो अँग्रेज़ी में एक शब्द है न– क्रश, बस वैसी ही। डांडी अपने साथ पढ़ने वाली लड़की को पसंद करता था। डांडी जिस लड़की को पसंद करता था उससे प्यार का इज़हार तो करना चाहता था, मगर डर के मारे कभी कह नहीं पाया। उधर डीके और मैं रंगीन मिज़ाज के थे। हम दोनों डांडी को हर वक़्त चाबी भरते रहते थे कि– 'जा न बे, कह दे उसे, हम हैं न।' हम ये बात भी बहुत अच्छे से जानते थे कि अगर कोई गड़बड़ हुई तो हमारे बस में भाग लेने के सिवा कुछ नहीं है, फिर भी हम बेमतलब डांडी की भावनाओं को हवा देने में लगे रहते थे। हम दोनों के चढ़ाने का परिणाम यह हुआ कि एक दिन डांडी हमारे भरोसे अपने प्यार का इज़हार करने चल दिया। हम तीनों उसी गली के मोड़ पर थे जहाँ अकसर खड़े रहते थे। डीके और मैं, दोनों ज्ञान बाँट रहे थे ताकि डांडी आज होने वाली इस परीक्षा में पास हो जाए।

डीके बोला, "ओए डांडी देख, वो जैसे ही आए उसे रोक लेना... ठीक है?"

डांडी ने कहा, "हाँ ठीक है।"

मैंने कहा, "अबे क्या हाँ ठीक है? जैसे ही आए उसके सामने आ जाना... ठीक है?"

डांडी ने कहा, "हाँ ठीक है... फिर?"

डीके बोला, "फिर क्या... फिर बोलना मान जा वरना अपनी नस काट लूँगा। ठीक है?

डांडी ने कहा, "हाँ ठीक है।"

डीके ने पूछा, "अबे क्या हाँ ठीक है? बता क्या बोलेगा?"

डांडी ने कहा, "बोलूँगा कि..."

मैंने बात काटते हुए कहा, "अबे जल्दी बता न, वो आने वाली है।"

डांडी ने कहा, "हाँ, बोलूँगा... कि... मान जा वरना काट दूँगा।"

डीके चिल्लाया, "अबे स्साले काट दूँगा नहीं... नस काट लूँगा। और पहले प्यार का इज़हार करना है। काटा-कटाई बाद की बातें हैं, समझा?"

मैंने कहा, "ओए उधर देख, आ गई।"

डीके बोला, "तू जा हम यहीं खड़े हैं। डरना मत, कुछ गड़बड़ होगी तो छोटू भैया सँभाल लेंगे।"

डांडी ने हिम्मत की और जाकर लड़की का रास्ता रोक लिया और धीमी अवाज़ में बोला, "सुनो, मुझे तुमसे कुछ कहना है।"

लड़की बहुत सीधी-सादी थी। जैसे ही डांडी ने रास्ता रोका, उसने सड़क पर ही रोना चालू कर दिया। फिर क्या था, डांडी के तो पसीने छूट

गए और हम दोनों से मदद लेने के लिए सोचा। लेकिन जैसे ही पीछे मुड़ के हमें वो देखता, हम दोनों पहले ही रफूचक्कर हो चुके थे। डांडी के प्यार का सारा बुख़ार तुरंत उतरा और वो उल्टे पाँव भाग लिया।

डांडी निराश होकर आया और हम दोनों से बोला, "यार उसने तो मेरी बात सुनी ही नहीं और चिल्ला के रो पड़ी।" उसका मुँह उतरा हुआ था। डीके और मैं मन-ही-मन में हँस रहे थे। हम दोनों जानते थे कि आज न सही कल तो डांडी की खटिया खड़ी होने वाली है।

मैंने कहा, "अरे कोई बात नहीं, तू एक काम कर, कल फिर से जा और फिर से बात कर। क्या पता कोई परेशानी हो उसके घर में इसलिए वो रोने लगी हो! तुझे देख के उसे ऐसा लगा होगा कि कोई तो है उसकी परवाह करने वाला और इसी ख़ुशी में उसके आँसू निकल गए होंगे।"

डांडी ने बड़ा ध्यान देकर सुना और बोला, "हाँ यार, सही बात है। पक्का ऐसा ही हुआ होगा।"

बेचारा सीधा-सादा डांडी अगले दिन फिर वहीं जाकर खड़ा हो गया और लड़की का इंतज़ार करने लगा। बबलू भाई की दूकान के अंदर छुपकर हम दोनों डांडी का मनोबल बढ़ा रहे थे। डांडी को भी बड़ा गर्व महूसस हो रहा था कि उसने डीके और मेरे जैसे दोस्त पाए हैं। तभी वहाँ लड़की आ गई। परंतु जैसे ही डांडी ने रास्ता रोका, वो खिलकर मुस्कराने लगी। ये देखकर जैसे डांडी की ख़ुशी का ठिकाना नहीं रहा। दो मिनट बाद लड़की ने एक बड़ी मूँछों वाले आदमी से डांडी का परिचय करवाया। फिर क्या था, उस दिन के बाद सात-आठ दिन हो गए थे, मगर डांडी घर के बाहर दिखाई नहीं पड़ा।

मुच्छड़ ने डांडी की जमकर कुटाई की। बाद में हमें पता चला कि

वो बड़ी मूँछों वाला आदमी उस लड़की का बाप था। मैं अभी तक वो बात याद करके ख़ूब हँसता हूँ। इसलिए नहीं कि हम डांडी का मज़ाक़ बना रहे थे, बल्कि इसलिए क्योंकि यही हँसी-मज़ाक़ और ठिठोलियाँ दोस्ती की सच्ची परिभाषा हैं। हम दोनों ने किसी तरह फिर से एक बार डांडी को मनाया और ऐसा मज़ाक़ कभी न करने का वादा किया। डांडी भी मान गया। अपने यारों के पास वापस आ गया और हमारी तिकड़ी फिर से चालू हो गई।

इस कहानी को सुनने के बाद रावत जी की हँसी रुकने का नाम नहीं ले रही थी। रावत जी हँसते हुए अपनी सीट पर चले गए और छोटू जी अपने काम में लग गए। दोनों को काम करते हुए काफ़ी समय हो चुका था। तभी सामने से एक मीठी और धीमी-सी आवाज़ आई।

"सर, सैलरी के लिए बचत खाता खुलवाना है।"

नाकारा कर्मचारी की भाँति छोटू जी रजिस्टर में मुंडी गड़ाए हुए थे, मानो करोड़ों के हिसाब-किताब में व्यस्त हों। तभी फिर से सामने से सवाल आता है, "सर, एक अकाउंट खुलवाना है। क्या-क्या देना होगा?"

झल्लाकर छोटू जी ने ऊपर देखा। वो चिल्लाने ही वाले थे कि उनकी आवाज़ गले में ही अटक गई। सामने कविता खड़ी थी। मासूम-सी सूरत लिए दूध जैसी गोरी लड़की। चम्मच जैसी पतली नाक, जामुन जैसी काली-नीली आँखें और काले-काले घने बाल। उसे देखते ही फिर से दो-तीन महीने पुरानी यादें पुनः जीवित हो गईं। पुरुष मन पत्थर जितना कठोर भी हो तो भी उसे तोड़ने के लिए एक मुस्कान मात्र ही काफ़ी है।

छोटू जी वैसे भी कोमल हृदय के व्यक्ति थे और कविता को तो वो पहले से ही पसंद करते थे।

शाम के साढ़े पाँच बज रहे थे और दफ़्तर बंद होने का वक़्त हो चला था। कोई और होता तो निश्चित ही टालकर कल आने को कह देते, मगर आज परिस्थिति कुछ और ही थी। वैसे तो ऐसा सरकारी दफ़्तर किसी काम का नहीं जो एक काम के लिए कम-से-कम आदमी की एक जोड़ी चप्पल न घिसवा दे। परंतु आज अचानक छोटू जी के लिए जैसे ग्राहक सेवा ही परम धर्म हो गई थी।

छोटू जी ने कविता को पहचान लिया था, मगर शायद कविता उन्हें अभी नहीं पहचान पाई थी। छोटू जी ने अपनी चाय और जिस रजिस्टर में घुसे हुए थे उसे नीचे रखते हुए एक अच्छे ग्राहक सेवक की तरह पूछा।

"जी कहिए क्या करवाना है?"

"मुझे खाता खुलवाना है।"

"अच्छा-अच्छा, खाता खुलवाना है। जी खुल जाएगा। आप किस उद्देश्य से खाता खुलवाना चाहती हैं?"

"मैं अध्यापक हूँ। मुझे अपनी सैलरी से कुछ पैसे हर महीने बचत करने के लिए खाता खुलवाना है, ताकि एक साल बाद ब्याज के साथ मिल जाएँ।"

"कोई बात नहीं, बहुत आसान है। तीन फ़ोटो, पहचान पत्र, आपके पते का प्रमाण, और हाँ, एक ऐसा व्यक्ति जो आपको जानता हो उसकी गवाही लगेगी। खाता खुल जाएगा।"

कविता को खाता खुलवाने की जल्दी थी इसलिए सारे ज़रूरी काग़ज़ लेकर आई थी। उसने सारे काग़ज़ झट से निकाले और सामने

रख दिए।

"मेरी आपसे विनती है कि आज ही मेरा काम कर दें तो बड़ी मेहरबानी होगी।"

"जी बिल्कुल, क्यों नहीं। आप दो मिनट रुकिए।"

इम्प्रेशन दिखाने के लिए छोटू जी काम तो फटाफट करना चाहते थे, मगर उनके सामने एक बड़ी समस्या थी। उस समस्या का नाम था सतवीर जी। सतवीर जी नया खाता सत्यापन के मुख्य अधिकारी थे। वो भी ऐसे-वैसे अधिकारी नहीं, एकदम सख़्त और नियम-क़ानून वाले वाले अधिकारी। सतवीर जी जब तक एक काम को करने और फिर जाँचने-परखने में घंटा भर न लगा दें, उनका मन नहीं मानता था। सतवीर जी के दिल को बड़ा सुकून मिलता था कि कोई ग्राहक आए और कम-से-कम पंद्रह-बीस मिनट उनके सामने खड़े होकर जी सर, जी सर, जी बाबू जी करता रहे। जब तक सारे दस्तावेज़ के सभी सत्यापन सिद्धांतपूर्वक ग्राहक की मौजूदगी में पूरे नहीं कर लेते थे, तब तक पेन से काग़ज़ पर चिड़िया नहीं घुमाते थे। उनके इन सिद्धांतों से छोटू जी बड़े परेशान रहते थे। कोई जान-पहचान वाला या कोई लड़की आती तो अपना इम्प्रेशन और बाबूगीरी दिखाने में छोटू जी सतवीर जी के कारण विफल हो जाया करते। आज तो वो लड़की साक्षात सामने खड़ी थी जिसके पीछे ढेर सारी रातों की नींदें अधूरी रही थीं। छोटू जी सोच रहे थे कि अगर आज कविता का काम जल्दी नहीं करवा पाया तो मिट्टी पलीद होना तय है। छोटू जी ने बस दो मिनट तो कह दिया था, पर सतवीर जी दो मिनट में काम निपटा देने वाली पार्टी नहीं थे।

छोटू जी ने कविता के हाथ से तीन फ़ोटो, आईडी प्रूफ़ वग़ैरह लेकर

खाता खोलने के फ़ॉर्म पर साइन करवाए और कहा।

"आप जाइए, कल आकर अपनी पासबुक ले लीजिएगा।"

"पक्का कल तक मिल जाएगी?"

"हाँ-हाँ पक्का। आप कल आकर ले जाना, कोई परेशानी नहीं है।"

कविता हल्का-सा मुस्कराकर धन्यवाद कहती है। छोटू जी भी सिर हिलाते हुए अभिवादन स्वीकार करते हैं।

छोटू जी अब तक जिससे एक हाय-हैलो करने के लिए तरस रहे थे, उससे आज दस मिनट बात हुई। मन में ख़ुशी के लड्डू फूट रहे थे। फिर अचानक उन्होंने इस लड्डू को थोड़ी देर के लिए मेज़ पर रखा और सतवीर जी के पास जाकर बोले, "सतवीर जी कैसे हैं? सब बढ़िया?"

"वैसे तो आस-पास कभी फटकते भी नहीं हो, आज सीधा हाल-चाल? काम बताइए महाराज।"

"सर वो क्या है न, ये खाता मेरे एक परिचित की बिटिया का है। वेरिफ़ाई कर देंगे क्या?"

सतवीर जी ने घूरकर देखा और कहा, "परिचित की बिटिया!"

"जी सर।"

दोनों ने एक-दूसरे को थोड़ा ध्यान से देखा और फिर ज़ोर से हँस पड़े और सतवीर जी ने बिना कोई पूछताछ किए फ़ॉर्म पर साइन कर दिए।

छोटू जी ने सारा काम छोड़ा और जल्दी से खाता खोलकर पासबुक तैयार की। उन्हें ऐसा लग रहा था मानो किसी के संग अपना ज्वॉइंट खाता खोल रहे हों। मगर ये ज्वॉइंट खाता केवल एक सपने की तरह था, बहुत ही ख़ूबसूरत और मन को भाने वाला। मन में सजाए गए सपने पूरे ही हों

ऐसा ज़रूरी नहीं है, परंतु अगर होते भी हैं तो सपने पूरे करने के लिए ज़मीन और आसमान एक करना ही पड़ता है।

अगले दिन छोटू जी इतना सज-सँवर के दफ़्तर आए मानो उन्हें लड़की वाले देखने आ रहे हों। कविता आज अपने नए खाते की पासबुक लेने के लिए आने वाली थी, कोई भी इम्प्रेशन ग़लत नहीं होना चाहिए था। छोटू जी की निगाहें दफ़्तर के गेट पर लगी हुई थीं। दस बजे, ग्यारह बजे। फिर दोपहर हो आई, पर कविता अभी भी नहीं आई। और तो और, दिन में खाना खाने के लिए छोटू जी घर भी नहीं गए। क़रीब तीन बजे कविता के आने की आस छोड़कर थोड़ा आराम करने को सीट छोड़ने ही वाले थे कि कविता आई और जल्दबाज़ी में पूछा।

"सर, मेरी किताब तैयार है क्या?"

"हाँ बिल्कुल! (बड़े ही उत्साह के साथ) ये लो किताब।"

"मुझे कोई एप्लिकेशन तो नहीं देनी है न अब?"

"नहीं-नहीं, रहने दो। मैं देख लूँगा।" इम्प्रेशन जमाने के हिसाब से छोटू जी ने मुस्कराकर कहा।

"जी ठीक है।"

ज़्यादा कोई प्रतिक्रिया दिए बिना कविता ने जल्दी से अपनी पासबुक ली और लंबे-लंबे क़दमों से बाहर निकल गई। छोटू जी को अब भी लग रहा था जैसे कोई फ़िल्म वाला चमत्कार होगा, कविता पलटेगी, उन्हें मुस्कराकर देखेगी और थैंक यू कहेगी। मगर छोटू जी की क़िस्मत हीरो वाली नहीं थी। कविता तेज़ क़दमों से सीधा बाहर की ओर निकल गई।

उन्हें ऐसा लग रहा था कि बेमतलब ही वो इतनी मेहनत कर रहे थे, कविता ने तो काम हो जाने के बाद प्यारे-से होंठों से थैंक यू तक

नहीं बोला। वो सोच रहे थे कि कोई इतनी प्यारी लड़की इतना कठोर हृदय कैसे रख सकती है! ख़ुद से बातें करते हुए बोले– 'हो सकता है किसी जल्दी में हो, इसलिए भाव न दे पाई हो। पर फिर भी धन्यवाद तो करना चाहिए ही था। चलो धन्यवाद नहीं तो कम-से-कम मुस्कराकर अभिवादन तो कर ही सकती थी।'

कविता जा चुकी थी, पर अब जो भी था क्या किया जा सकता था!

एक बार फिर से छोटू जी ने अपने दिल और दिमाग़ से कविता को निकाल दिया था और अपना सामान्य जीवन जीने लगे थे। कुछ दिनों के बाद छोटू जी लंबे-लंबे क़दमों से पिट्ठू बैग टाँगे हुए चले जा रहे थे। उन्हें दफ़्तर के किसी काम से मेरठ जाना था। सुबह साढ़े ग्यारह बजे एक बस मेरठ जाती थी, इस जल्दी में कि कहीं बस छूट न जाए वो तेज़ी से भागे जा रहे थे।

तभी उन्हें ऐसा आभास हुआ मानो किसी ने सुरीली-सी आवाज़ में उन्हें पुकारा हो। इसे भ्रम समझकर वो चलते रहे। दिल नहीं माना तो पलटकर देखा। फिर जो दिखाई दिया उसकी उन्होंने कभी कल्पना नहीं की थी। कविता तेज़ क़दमों से उनकी ओर चली आ रही थी। छोटू जी को ऐसा आभास हो रहा था जैसे कोई पिक्चर का सीन चल रहा हो। परंतु यह कोई भ्रम नहीं वास्तविकता थी।

कविता छोटू जी के निकट आकर खड़ी हो गई। उसके चेहरे पर मुस्कान थी जिसके विपरीत छोटू जी की हवाइयाँ उड़ी हुई थीं। न जाने ऐसा क्या हो गया जो बीच रास्ते में कविता ने उन्हें रोक लिया।

"जी कहिए!" एक सहमी-सी आवाज़ में छोटू जी ने कहा।

"मैं आपको धन्यवाद कहना चाहती थी, बस!"

"मगर किसलिए?"

"अरे आपने बहुत मदद की उस दिन, वरना सरकारी दफ़्तरों में इतनी जल्दी और आसानी से काम कहाँ होते हैं!"

"नहीं-नहीं, मैं ऐसा सरकारी कर्मचारी नहीं हूँ। मैं तो कोशिश करता हूँ सब का काम जल्दी से हो जाए, ताकि लोग न परेशान हों, न परेशान करें।" इम्प्रेशन जमाने के हिसाब से छोटू जी ने कहा।

"अच्छी बात है। दरअसल, अगर उस समय मैंने खाते की जानकारी स्कूल में नहीं दी होती तो मेरी सैलरी रुक जाती। इसलिए मैं बहुत जल्दी में थी।"

"अच्छा तो आपकी सैलरी तो नहीं रुकी?"

"नहीं। ये लीजिए।" एक डिब्बा छोटू जी की तरफ़ बढ़ाते हुए कविता ने कहा।

"अरे इसमें क्या है?"

"मिठाई है, आज मेरी पहली सैलरी आई है। आपको सबसे पहले मिठाई देने आई हूँ, क्योंकि आपके सहयोग के बिना इस माह की सैलरी मिलना संभव नहीं था। धन्यवाद!"

इतना कहकर कविता ने छोटू जी के सामने थोड़ा सिर झुकाकर नमस्कार किया और विदा लेकर चली गई। छोटू जी को विश्वास नहीं हो रहा था कि कविता ने आज ख़ुद आकर उन्हें मिठाई खिलाई और शुक्रिया अदा किया। उधर कविता को भी आज बड़ा प्यारा-सा अनुभव हुआ कि पहली सैलरी उसके हाथों में थी। दूसरी ओर एक दुख भी था कि कितना अच्छा होता जो सुंदर आज होता तो ये पैसे उसे लाकर देता और कविता पत्नी के हक़ से वो पैसे अपने हिसाब से ख़र्च करती। मगर

क्या किया जा सकता था। सुंदर के जाने पर वह इतने आँसू बहा चुकी थी कि अब रोने की गुंजाइश भी ख़त्म हो चुकी थी। कविता ने सब भूलकर आगे बढ़ने का फ़ैसला कर लिया था।

कविता का छोटू जी के दफ़्तर आना-जाना होने लगा था। वो पैसों के लेन-देन के चलते डाकख़ाने जाती तो छोटू जी उसे कभी भी ग्राहकों की लाइन में नहीं लगने देते थे। कविता के आते ही छोटू जी झट से रावत जी को पैसे लेकर आने का इशारा करते और रावत जी आज्ञाकारी दोस्त की तरह उनकी भावनाओं को इशारे में ही समझ जाया करते।

लोग कई प्रकार के होते हैं। जो जिस प्रकार का होता है उसका सामंजस्य भी उसी प्रकार के व्यक्ति से होता है। कविता और छोटू जी दोनों ही नेक स्वभाव के थे। शायद इसलिए क़िस्मत ने दोनों को मिलाया। छोटू जी और कविता के बीच कोई गहरी दोस्ती तो नहीं थी, मगर इतना रिश्ता ज़रूर पनप चुका था कि जब भी एक-दूसरे के सामने आएँ तो होंठों पर मुस्कराहट आ जाए और एक-दूजे का अभिवादन स्वीकार कर लें। हृदय से उपजे रिश्तों में कभी अपेक्षाएँ महत्त्व नहीं रखतीं, फिर चाहे वह दोस्ती हो या प्रेम। इसीलिए छोटू जी के मन में कविता से अपेक्षाएँ नहीं थीं। यहाँ पर न तो दोस्ती ने जन्म लिया था, न ही किसी प्रेम ने, परंतु कविता का उन्हें देखकर अभिवादन स्वीकार कर लेना ही उनके लिए किसी बड़े रिश्ते से कम नहीं था। छोटू जी के मन की इच्छापूर्ति हो चुकी थी। उन्हें कविता से बात करनी थी, जान-पहचान करनी थी, जो हो चुकी थी। इससे ज़्यादा न ही उन्होंने कभी सोचा था और न ही होना संभव था। कविता भी कभी-कभार उनके दफ़्तर आती तो जल्दी काम हो जाए इसलिए छोटू जी की मदद ले लिया करती। सुबह-सुबह छोटू

जी अपने घर के छज्जे पर आकर चाय पीते, कविता पौधों को पानी देने आती, छोटू जी हाथ हिलाते और वह भी उन्हें देखकर हाथ हिला देती।

एक ओर जहाँ छोटू जी को लगता था कि कविता और उनकी यह छोटी-सी पहचान केवल उनके और रावत जी के संज्ञान में थी, वहीं यह बात बढ़-चढ़कर वहाँ तक जा चुकी थी, जहाँ तक उन्होंने कल्पना भी नहीं की थी। दोनों का एक-दूसरे को देखकर मुस्कराने की ख़बर छोटू जी के प्रिय मित्र रावत जी समेत दफ़्तर के लगभग सभी लोगों को थी। दफ़्तर में जेनरेटर चलाने वाला एक लड़का था जो अकसर बाहर चाय की दुकान पर बैठा रहता था तो ये ख़बर चाय वाले भैया को भी पता थी। चूँकि चाय वाले भैया की दुकान पर छोटू जी की गली के दो-तीन लड़के रोज़ सिगरेट पीने आया करते थे तो यह बात उनके गली-मोहल्ले तक आ चुकी थी। इसकी तनिक भी भनक छोटू जी को नहीं थी।

भारत के हर गली-मोहल्ले में एक-न-एक स्त्री/पुरुष ऐसा ज़रूर होता है जो पूरे मोहल्ले की घटनाओं के मुफ़्त टेलीकास्ट का कॉपीराइट रखता है। यहाँ यह कॉपीराइट गुप्ता जी की पत्नी के पास था। गुप्ताइन मोहल्ले के हर एक घर की हर एक ख़बर को हर एक घर तक पहुँचाना अपना कर्तव्य समझती थी। इस ज़िम्मेदारी का वह भली-भाँति निर्वहन करती थी। प्रतिदिन शाम को गुप्ताइन के घर के बाहर एक बैठक का आयोजन होता था जहाँ मोहल्ले की सभी तथाकथित ज़िम्मेदार महिलाएँ मोहल्ले में होने वाली हर घटना पर अपनी प्रतिक्रिया दिया करती थीं। छोटी-सी बात का बतंगड़ बनाना, तिल का ताड़ बना देना और बाल की खाल निकालना उनकी बैठक के कुछ मूलभूत बिंदु होते थे।

रोज़ की तरह चौपाल सजी हुई थी और सभी आपस में बातें कर

रहे थे।

गुप्ताइन– "मुझे तो पहले से ही शक था ये लड़की सही नहीं है।"

दूसरी महिला- "कौन-सी लड़की ?"

गुप्ताइन– "यही जो दिल्ली वालों के मकान में रहती है, किराये पर।"

तीसरी महिला- "अजी लड़की क्या, अधेड़ होने आई है। 35 साल से ऊपर है कम-से-कम।"

गुप्ताइन– "है कहाँ की ? यहाँ आसपास की तो लगती ना है ?"

दूसरी महिला- "क्या पता! सुना है यहीं कहीं मास्टरनी है किसी स्कूल में।"

तीसरी महिला- "सुना है पति के मरने पे मिली है नौकरी।"

गुप्ताइन– "हाय रे, बताओ पति ना है इसका!"

तीसरी महिला- "ना, आपको पता नहीं था क्या ?"

गुप्ताइन- "ना मुझे तो पता नहीं था।"

दूसरी महिला- "क्यों क्या हुआ ?"

गुप्ताइन- "पूछ रही हो हुआ क्या है! अरे ये जो डाकख़ाने वाला लड़का नहीं है, जो ऊपर रहता है। उसी के साथ कुछ दिनों पहले पिछली गली में खड़ी हुई बतिया रही थी, बड़ा हँस-हँस और शर्मा-शर्मा के। मैं तभी समझ गई थी कि दोनों में कुछ-न-कुछ तो चल रहा है।"

दूसरी महिला- "तभी... पहले जब आई थी, बिल्कुल उतरा हुआ मुँह था। एकदम सिंपल रहती थी, जैसे किसी गाँव से आई हो। और अब देखो ऐसे चमक के रहती है।"

गुप्ताइन- "और क्या करेगी यहाँ आकर! पति तो है नहीं तो कोई

तो चाहिए होगा न! सही लड़का फँसाया है वैसे। जिसका पति मर गया हो उसे तो वृंदावन जाकर भगवान के पैरों में भक्ति करनी चाहिए। पता नहीं किस पाप का फल तो भुगत ही रही है, फिर भी पाप करने से फ़ुर्सत नहीं। राम बचाए!"

ऐसी ही बातें काफ़ी देर तक चलती रहीं और कुछ देर बाद सभी अपने-अपने घर चली गईं। यह बिना सोचे-समझे कि अगर इनकी बातें कोई ऐसी स्त्री सुने जिसने अपना पति खो दिया हो तो उसे कैसा महसूस होगा! इन सबकी सारी बातें अपनी छत पर खड़ी कविता ध्यान से सुन रही थी। अब वह इस सोच में थी कि जो कुछ ये सब कह रही थीं अगर उसमें रत्तीभर भी सच्चाई थी तो उसने बहुत बड़ा पाप कर दिया है।

संपूर्ण सृष्टि की सर्वाधिक कोमल रचना एक स्त्री का हृदय है।

और सबसे कठोर भी।

अध्याय 8

छोटू जी कविता को अत्यधिक पसंद करते थे। परंतु यह बात कहने का साहस न ही उन्होंने कभी किया और न ही उनमें था। काफी चिंतन-मनन करने के बाद उन्होंने यह निश्चय किया कि वो यह बात कविता को जल्द ही बताएँगे, फिर चाहे परिणाम कुछ भी निकले।

दफ़्तर के काम से मेरठ पहुँचे छोटू जी, वापसी में सोच रहे थे कि कविता उनके लिए ही मिठाई लाई थी तो क्या उन्हें कविता को कोई रिटर्न गिफ़्ट देना चाहिए? उन्होंने सोचा कि घर से दूर शहर आए हैं तो कोई सुंदर-सी चीज़ लेकर जाएँगे और कविता को भेंट करेंगे। छोटू जी बाज़ार की ओर निकल पड़े, परंतु उनके लिए यह समझ पाना कठिन था कि क्या ख़रीदारी की जाए? कविता के लिए ऐसा क्या ख़रीदें जो उसे बहुत अच्छा लगे और कविता बिन कहे ही उनके मन की बात समझ जाए। यह समझ जाए कि छोटू जी उसे पसंद करते हैं। वो नहीं जानते थे कि उन्हें ऐसा कहना/करना चाहिए या नहीं, परंतु उन्हें यह अवश्य पता था कि उनके मन में कोई चोर नहीं है। वह पहली बार किसी महिला के लिए कुछ उपहार ले रहे थे तो स्थिति बड़ी असमंजस से भरी हुई थी। ऐसा होना स्वाभाविक भी था, क्योंकि किसी महिला के लिए छोटू जी ने

कभी कुछ ख़रीदा ही नहीं था। बाज़ार में वो कभी रंग-बिरंगे कपड़ों को देखते तो कभी साज-शृंगार के सामान को। मन में आता था कि क्यों न सारे ही ख़रीद लिए जाएँ, मगर चाहकर भी ऐसे उपहार नहीं ख़रीद सकते थे जिनमें चमक-दमक हो। समाज एक विधवा को खिले रंग-बिरंगे वस्त्र धारण करने की अनुमति नहीं देता। फ़िलहाल दिमाग़ के सारे घोड़े दौड़ा लिए और ऐसा कुछ नहीं दिख रहा था जो कविता को भेंट स्वरूप दिया जा सके। बड़ी देर के बाद छोटू जी के चेहरे पर एक मुस्कराहट आई। बहुत तलाश के बाद एक उपहार छोटू जी को मिला। झट-पट ख़रीदारी कर वो तेज़ी से घर की ओर निकल पड़े।

किसी की कही कोई बात मन में धरे रहना उस बात को पालने-पोसने के बराबर है क्योंकि वह बात एक समय के बाद या तो साहित्य बनकर बाहर आती है या फिर चमत्कार बनकर।

कविता के मन में गुप्ताइन के शब्द अभी तक तीर के समान चुभ रहे थे। वह अत्यंत दुखी थी और इस संताप में थी कि क्या ये पिछले जन्म का पाप ही है जो आज वो इस हाल में है? क्या सच में ईश्वर ने उसे पिछले जन्म की सज़ा दी है? क्या अपना ख़ुद का जीवन हँस-खेल के जीने का भी अधिकार नहीं है? क्या वो एक पापिन है? क्या वह अपने पति की हत्या की ही सज़ा भुगत रही है?

इसी तरह न जाने कितने सवाल उसके मन से निकल रहे थे जिनका कोई जवाब उसके पास नहीं था। कानों में गुप्ताइन के मुँह से निकली बस एक ही बात गूँज रही थी कि– 'वो वृंदावन जाए और प्रभु की भक्ति में लग जाए, शायद पाप धुल जाएँ।' पता नहीं उसने ऐसा क्या किया था जो आज ये दिन देखने पड़ रहे थे, जहाँ उसका हँसना समाज में सही

नहीं था या उसके हँसने-मुस्कराने के अधिकार ही समाप्त हो चुके थे। इससे भी ज़्यादा दुख इस बात का था कि ये कैसी मानवता व समाज था जहाँ एक औरत दूसरी औरत का दुख नहीं समझती! सुंदर के चले जाने के बाद एक लंबा समय कविता को सँभलने में लगा था। थोड़ा-सा दर्द कम हुआ ही था कि फिर से इस समाज ने ताने देना प्रारंभ कर दिया था। क्या इस समाज को किसी की ख़ुशी बर्दाश्त नहीं? यही सब सोचते हुए रात बीतती रही और उसकी पलकों ने झपकने का नाम तक नहीं लिया।

समाज एक तेज़ी से घूमते हुए पहिये की तरह है जिसका ब्रेक कुछ ऐसे तथाकथित बुद्धिजीवियों के हाथों में है जो कभी भी पहिये को रोककर आगे बढ़ रहे समाज को वहाँ ले जाते हैं जहाँ रूढ़िवाद और अंधविश्वास का गहरा गड्ढा हुआ करता है।

गुप्ताइन की बातें कविता के दिमाग़ में किसी कहानी की तरह चल रही थीं। अभी तक तो केवल समाज ही लांछन दिया करता था, मगर आज स्वयं भी ऐसा लगने लगा था कि सच में कोई पाप ही किया होगा। कविता बिल्कुल नहीं चाहती थी कि ख़ुद के बारे में ऐसा सोचे, मगर भाग्य ने जिस कटुता से उसका परिचय स्वयं से कराया था, कि उसका भाग्य चिल्ला-चिल्लाकर पुकार रहा था कि– 'हाँ वो एक विधवा है।'

अगर एक विधवा को अपने पति को खा जाने वाली डायन मानकर सती होने पर मजबूर किया जा सकता है तो सामन्यतः क्यों नहीं एक पत्नी के मर जाने पर शराबी पति को नग्न कर पत्थरों से उसका स्वागत किया जाता!

फ़िलहाल वास्तविकता यह थी कि अब समाज के नियमानुसार कविता खुलकर हँस नहीं सकती थी। अगर ऐसा करने की कोशिश भी

की तो समाज कहेगा– 'पति के जाने का कोई दुख ही नहीं है।' वैसे भी कविता पिछले जन्मों का पाप ढो रही थी। उसमें इतनी हिम्मत नहीं बची थी कि एक और पाप का बोझ अपने सिर लेकर चल सके। इसीलिए तो हँसना और मुस्कराना छोड़ा था, मगर कम्बख़्त ये दोस्ती के नाते बंधन निभाने के चक्कर में पुराने ज़ख़्मों को ख़ुद फिर से कुरेद बैठी थी। ख़ुद की क़िस्मत को जवाब देने के लिए कविता के पास कुछ नहीं बचा था।

सुंदर की तस्वीर कविता के हाथों में थी और आँखों में नींद के बदले आँसू थे। तस्वीर को अपने सीने से लगाकर कविता दहाड़ें मार-मार के रो लिया करती थी। कभी सुंदर की तस्वीर को चूमती थी तो कभी आँखों में ग़ुस्से का सैलाब लिए सुंदर को बहुत गालियाँ देती– 'अगर जीवन साथ बिताने की हिम्मत नहीं थी तो प्रेम किया ही क्यों? साथ निभाने की क़समें क्यों खाईं?'

कभी ग़ुस्से को पीते हुए अपने सच्चे प्रेम की क़सम देती थी– 'अगर वाक़ई में तुम्हारा प्रेम सच्चा था तो वापस लौट आओ और आकर देखो ये लोग तुम्हारी पत्नी को क्या कह रहे हैं! ये लोग कहते हैं कि मैंने तुम्हारी हत्या की है। क्या मैं ऐसी हूँ? या तो तुम वापस आओ और इन सब को जवाब दो या फिर मुझे भी अपने पास बुला लो। ये सब कहते हैं कि मैं जाकर प्रभु का भजन करूँ तो शायद मेरे पिछले जन्म के पाप धुल जाएँ, वरना इस जन्म क्या आने वाले सात जन्मों में भी अपने पाप का फल ऐसे ही भुगतना पड़ेगा। तुम ही बताओ आख़िर मैंने ऐसा किया क्या है?'

दीवार पर टँगी तस्वीर केवल इसलिए ख़ास नहीं होती कि वह उस दीवार की शोभा बढ़ाती है। वह तो इसलिए ख़ास है क्योंकि उस तस्वीर

में दीवार पर क़ाबिज़ होने की क़ाबिलियत है। वह दीवार के अधीन नहीं वरन् अपना वर्चस्व स्थापित कर चुकी होती है।

कविता उठी और आँसू पोंछते हुए किसी गहरी सोच में लग गई। तभी उसके मन से एक आवाज़ आई– 'चल प्रभु के धाम को चल और कान्हा के चरणों में सिर झुका ले, शायद पाप धुल जाएँ।' कविता पर एक सनक सवार हुई और सब कुछ छोड़ एक अलग ही रास्ते चल पड़ने का उसने प्रण ले लिया। वैसे भी डूबते को तिनके का सहारा होता है, अब सिवाय ऊपरवाले के कोई और सहारा नहीं बचा था। कविता को पूरा विश्वास था कि प्रभु तो सबके हैं, भले ही दुनिया ने उससे किनारा कर लिया हो, परंतु ईश्वर तो कभी पक्षपात नहीं करते, वो तो सबके लिए एक समान हैं। अब उसे यह विश्वास था कि प्रभु उस पर भी अपनी कृपादृष्टि अवश्य डालेंगे। कविता ने सुबह होने की प्रतीक्षा में पूरी रात ऐसे ही बिता दी। भोर की किरण फूटते ही बिना सोच-विचार किए वृंदावन को निकल पड़ी। अब तो कविता की क़िस्मत प्रभु के चरणों में ही थी। सही भी है, जब कुछ समझ न आए तो प्रभु की इच्छा पर छोड़ देना ही उचित रास्ता है।

छोटू जी भी कार्य समाप्त कर वापस आने को थे। कई दिन बीत चुके थे, ना कविता से बात हुई ना मुलाक़ात। अब तो अपनी मित्र से मिलने की प्रतीक्षा थी और जो उपहार लाए थे, उसे देने की उत्सुकता भी। वो पहली बार किसी लड़की के लिए कोई उपहार लाए थे, तो हृदय में हलचल होना तो स्वाभाविक था।

छोटू जी अपने शहर आ चुके थे वो ट्रेन से उतरे और पैदल घर की ओर चल दिए। रेलवे स्टेशन के पास से एक पतली-सी गली थी जो

शॉर्टकट लगाकर सीधे छोटू जी के घर के पास निकलती थी। उसी गली से होते हुए घर पहुँचने को थे कि घर के पास रहने वाले कुछ आवारा लड़के, जिनसे कभी भी छोटू जी ने मतलब नहीं रखा, वो उन्हें देखकर मुस्करा रहे थे। वैसे तो रोज़ ही उन लड़कों पर नज़र पड़ती थी, पर आज तक ऐसी प्रतिक्रिया नहीं मिली थी। यह एक अजीब-सा अनुभव था, ऐसा लग रहा था मानो वो उन्हें उपहास की दृष्टि से घूर रहे हों। जैसे ही छोटू जी आगे बढ़े, पीछे से एक बेमतलब का प्रश्न कानों में पड़ा।

"और कविता भाभी ठीक हैं? हा हा हा..." इतना कहकर लड़के एक-दूसरे को ताली दे ज़ोर से हँसने लगे।

वह बड़ा ही अभद्रतापूर्ण अनुभव था। छोटू जी बिना कुछ जवाब दिए घर की ओर बढ़ गए। उस उपहास से भरी हँसी में बहुत से प्रश्न छुपे हुए थे जिन्हें समझ पाना कठिन था, परंतु एक बात तय थी कि प्रेम वाक़ई में एक ऐसा राज़ है जो हृदय की सैकड़ों परतों के बीच छुपा होने के बाद भी सर्व-व्यक्त है।

रविवार का दिन था। पापा-मम्मी भी घर पर थे। छोटू जी ने गेट खटखटाया, पर उनकी नज़रें ठीक पीछे कविता के गेट पर थीं। वहाँ ताला लगा हुआ देख थोड़ा आश्चर्य हुआ और स्वयं से बात करने लगे– 'आज छुट्टी का दिन है, कविता इतने सवेरे कहाँ गई होगी? हो सकता है किसी काम से या कोई समान लेने गई हो।' मन ही मन में प्रश्नोत्तरी चल रही थी- 'अभी तो सुबह के सात भी नहीं बजे, इतनी जल्दी कोई सामान लेने तो नहीं गई होगी।' फिर उनके मन ने कहा कि क्या पता सुबह की सैर पर निकल गई हो। नहीं, ऐसे टहलने तो कभी नहीं जाती।

फिर उन्हें लगा कि वो बेमतलब ही इतना सोच रहे हैं। वो वापस तो

आ चुके थे, मगर बहुत कुछ बदला होने का आभास हो रहा था। वैसे भी जब किसी का प्रेम एकतरफ़ा हो तो मन अधिकतर नकारात्मक ही सोचता है। स्वयं से इस आकलन के बाद छोटू जी ने अपने हृदय को समझाया और कविता के वापस लौटने का इंतज़ार करने लगे। सारा ध्यान कविता के घर पर केंद्रित था और इस बात का बेसब्री से इंतज़ार था कि कब उसके घर का दरवाज़ा खुलने की आवाज़ उनके कानों तक पहुँचे और कब उन्हें कविता के दर्शन हों।

उधर परिदृश्य कुछ और ही था। पापों को धोने की आस लिए कविता वृंदावन निकल चुकी थी। अभी उसे इस बात का पता नहीं था कि ये दुनिया अकेली औरत के लिए इतनी भली नहीं है। ना जाने कितने ही अनुभव होने अभी बाक़ी थे। कुछ ऐसे अनुभव जिनके बारे में कदाचित कल्पना भी नहीं की जा सकती। कविता एक पुरानी सलवार-कमीज़ पहने ही घर से निकल आई थी। चेहरे से पीड़ा की गागर छलक रही थी। बाल बिखरे हुए थे। सुर्ख़ आँखों में नींद भरी हुई थी। हाथ में कपड़े का एक थैला लिए नासमझ-सी कविता अपने पिछले जन्मों का हिसाब करने निकल पड़ी थी। चौबीस घंटों से एक दाना भी मुँह में नहीं गया था। उसकी हालत देख कोई भी दूर से उसकी लाचारी को भाँपने में सक्षम था। किसी तरह वह वृंदावन जाने वाली बस में बैठ गई। वो यह भूल गई थी कि जिस समाज के बीच ऐसी हालत में निकल आई थी वहाँ क़दम-क़दम पर मर्दों की शक्ल में भेड़िए घूम रहे हैं जो कपड़े फाड़, जिस्म को नोच खाने की निगाहें रखते हैं, जिनके सामने सूती दुपट्टे से छाती को ढकना किसी चुनौती से कम नहीं। तभी एक भले आदमी ने अपने नज़दीक जगह देकर बैठाया। कविता को यह बात महसूस हुई

कि शायद इन सबके बीच कुछ इंसान भी हैं जो मदद करना अपना धर्म समझते हैं। सौ लोगों में कम-से-कम एक अच्छाई अभी भी जीवित थी। कविता ने बुझे हुए मन से मुस्कराकर जगह देने के लिए धन्यवाद कहा और बैठ गई।

सोचते-सोचते सफ़र कट ही रहा था कि कुछ समय में ही पास बैठे आदमी की भलाई व चरित्र बाहर आने लगा। अपने पास बिठाना न ही कोई भलाई थी और न ही कोई सहानुभूति। बस यह कोशिश थी कि कैसे उसे छुआ जा सके। व्यक्ति ने कविता को बैठने के लिए स्थान दिया था, तो उसकी क़ीमत चुकाना स्वाभाविक था। कविता को आभास हो चुका था कि निकट बैठे आदमी का चरित्र उदार नहीं है, पर रहना तो इसी नरक के बीच है। वैसे भी औरत तो सदियों से क़ीमत चुकाती आई है। रह-रहकर व्यक्ति कविता को स्पर्श करता रहा और कविता सिर झुकाए वृंदावन पहुँचने की प्रतीक्षा में चुपचाप बैठी रही। कविता यह बात भली-भाँति समझ चुकी थी कि अगर एक पति या एक पिता औरत के साथ नहीं है तो शायद कोई और पुरुष ऐसा हो ही नहीं सकता जो उसके एक स्त्री होने का सम्मान व उसकी आबरू की रक्षा कर सके। उसकी समझ से परे था कि अगर मैं पापी हूँ तो ये लोग क्या हैं? क्या ये गुनहगार नहीं हैं जो मौक़ा मिलते ही अपना रंग बदल लेते हैं? यह प्रश्न चाहकर भी वह किसी से पूछ नहीं सकती थी, क्योंकि वह एक विधवा थी। जिसके सिर पर ख़ुद अपने पति की हत्या का आरोप लगा हो, उसे किसी और से प्रश्न करने का क्या ही अधिकार होगा!

अध्याय 9

समस्त चिंताओं और अंतर्द्वंद्व की एकमात्र एंटीबायोटिक दवा है, आधे घंटे की नींद। पिछले दिनों में हुई सारी घटनाएँ कविता के हृदय पर इतने घाव कर चुकी थीं कि दो पल चैन से सो पाना भी संभव नहीं था। थकावट चरम पर थी तो एक झपकी के साथ गहरी नींद आ गई। कई घंटों का सफ़र एक झपकी में ही निकल चुका था। धक्के से नींद खुली तो अधमरी-सी हालत में कविता के कानों तक घंटियों की टन-टन गूँजने लगी। बाहर झाँक के देखा तो सामने जैसे मंदिरों का एक शहर बसा हुआ था। कविता ने अधखुले दिमाग़ और अधखुली आँखों जैसी अवस्था में अपने पास बैठी हुई एक महिला से पूछा, "ये कौन-सी जगह है?"

महिला ने उत्तर दिया, "हम वृंदावन में हैं।"

वृंदावन का नाम सुनते ही जैसे सुख की अपार अनुभूति हुई। कविता झट से खड़ी हुई और बस से नीचे उतरकर धरती पर माथा लगाकर प्रणाम किया और आगे बढ़ गई। आख़िरकार दरिंदों की दुनिया से दूर प्रभु के नगर में आगमन हो चुका था। जाने-अनजाने में किए गए पापों का प्रायश्चित होने वाला था। मन-ही-मन में कविता सोच रही थी कि यह जन्म न सही, कम-से-कम अगला जन्म तो अब सुधर ही जाएगा। यही

सब सोच-विचार करते हुए धीमे क़दमों से आगे की ओर बढ़ती जा रही थी। चारों दिशाओं में छोटे-बड़े मंदिर दिखाई दे रहे थे। हर ओर प्रभु का द्वार था। अब सब कुछ ठीक होने का विश्वास अटूट होता जा रहा था।

जमुना जी सामने बह रही थीं। कविता घाट की ओर बढ़ी और पानी में उतरकर एक डुबकी लगाई। बर्फ़ समान ठंडा पानी सिर और शरीर पर पड़ते ही कविता को बेहोशी जैसी अवस्था से बाहर ले आया। आश्चर्यचकित कविता अपनी परेशानी का अनुमान लगाती और सोचती रही कि कौन-सी चिंता उसे घर से इतनी दूर खींच ले आई थी! जब तक मन को शांति न हो, पेट भी उसका पूरा साथ देते हुए न खाने की माँग करता है न पीने की। दिमाग़ खुलते ही पेट भी भोजन की माँग करने लगा। कपड़े भीग चुके थे और पहनने को दूसरा कपड़ा नहीं था। रुपये भी नहीं थे। तभी एक लंबी क़तार पर नज़र पड़ी जहाँ दान में भोजन, प्रसाद व कपड़े बँट रहे थे। कविता उसी पंक्ति के अंत में भिखारियों के संग जाकर खड़ी हुई। कुछ सज्जन महिलाएँ और पुरुष आकर प्रसाद रूप में भोजन और कपड़े दे रहे थे। कविता ने प्रसाद से पेट भरा और मिले हुए वस्त्रों को पहनकर पास बने एक अत्यंत ही भव्य मंदिर में प्रवेश किया। जैसे-जैसे सीढ़ियाँ चढ़ती गई, वैसे-वैसे भगवान की मूरत उजागर होती जा रही थी।

मंदिर में अंदर क़दम रखते ही सुंदर जगमग प्रभु की मूरत के दर्शन हुए। ऐसा लग रहा था मानो मूर्ति नहीं साक्षात प्रभु विराजमान हैं और कविता को देखते हुए कह रहे हैं– 'तुमने आने में इतनी देरी क्यों की?' चारों ओर भजनों की ध्वनियाँ थीं, कानों में घंटियों की टन-टन गूँज रही थी। मानो प्रकृति और शहर का सारा शोर घंटियों की आवाज़ में ही

विलुप्त हो गया हो।

मूरत के चरणों में गेरुआ वस्त्र धारण किए एक पुजारी जी बैठे थे। एक हाथ में पूजा का थाल और दूसरे हाथ में घंटी लिए वो कान्हा के गुणगान में मगन थे। कविता की आँखों में आँसू थे। वो सीधे पंडित जी के चरणों में जाकर गिर गई।

"बेटी क्या हुआ? उठो।"

"पंडित जी, मुझे अपने पापों से मुक्ति चाहिए।"

"इंसान है ही ग़लतियों का पुतला। उठो और परेशानी बताओ, प्रभु सब ठीक करेंगे।"

"सब कहते हैं कि पिछले जन्म में मैंने बहुत पाप किए हैं।"

"परंतु क्यों?"

"बचपन में ही मेरे माता-पिता चल बसे।"

"तो क्या हुआ, ये तो विधाता का विधान है, जो आया है उसे तो जाना ही है।"

"और कुछ समय पहले मेरे विवाह के एक दिन बाद ही दुर्घटनावश मेरे पति की भी मृत्यु हो गई।"

इतना सुनते ही पंडित जी ने अपने पैर पीछे खींचे और ऊँची आवाज़ में चिल्लाकर कहा, "अनर्थ है! तू एक विधवा है? अच्छा है तूने प्रभु की मूरत को हाथ नहीं लगाया, वरना तू अपने साथ-साथ मुझे भी पाप का भागीदार बना देती।"

कविता हक्की-बक्की रह गई।

"सेवक! अरे ओह सेवक! कहाँ है?" पुजारी चिल्लाए।

कविता समझ नहीं पा रही थी आख़िर उसने ऐसा क्या कह दिया जो

पुजारी जी इतना क्रोध में आ गए! उसने पूछा, "परंतु पंडित जी, आप तो अभी कह रहे थे कि ये तो विधाता का विधान है, जो आया है उसे तो..."

"बहस मत कर लड़की। तुरंत यहाँ से हट और जाकर भिक्षा माँग।"

"परंतु क्यों?"

"कहा ना, हमसे बहस मत कर। बस ये समझ ऐसे ही तेरे पापों का प्रायश्चित होगा।"

पंडित जी ज़ोर से चिल्लाए, "सेवक! ओ द्वारपाल! अरे कहाँ मर गए सब के सब?"

"जी पंडित जी।" दौड़कर एक सेवक आया।

"अरे कहाँ चले जाते हो? प्रभु भक्ति में मन नहीं लग रहा हो तो जाकर तू भी भिक्षा माँग।"

"नहीं पुजारी जी मैं वो..."

"हाँ-हाँ ठीक है। प्रभु की समस्त प्रतिमाओं को पुनः स्नान कराओ और संपूर्ण मंदिर को गंगाजल से धोकर पवित्र करो। ये तो अच्छा है इस कलंकिनी ने प्रभु की मूरत को नहीं छुआ, वरना मेरा नरक में जाना तो निश्चित था। इस लड़की को बाहर करो और ध्यान रहे दुबारा ये नगर के किसी मंदिर के अंदर नज़र न आए।"

कविता चुपचाप खड़ी सुन रही थी। सेवक एक वृद्ध ब्राह्मण था। कविता को समझाकर बाहर ले आया और बोला, "बेटी, तुम यहाँ से जाओ। कहीं ऐसा न हो कि तुम्हारे लिए परेशानी हो जाए।"

"मगर बाबा, मैं कहाँ जाऊँ? बहुत दूर से प्रभु वंदना के लिए ही वृंदावन आई थी। क्या प्रभु के चरणों में भी स्थान नहीं मिलेगा?"

"ऐसा नहीं है, प्रभु तो हर जगह विद्यमान है। तुम एक काम करो,

यहाँ पास ही एक विधवा आश्रम है, तुम वहाँ चली जाओ। बहुत-सी महिलाएँ वहाँ अपना जीवन-यापन करती हैं, जाओ।"

इतना कहकर सेवक कविता को मंदिर परिसर से बाहर छोड़कर वापस चला गया।

अभी तक इंसानों के शहर में इंसानों ने दुत्कारा था, परंतु कविता ने ये कभी भी नहीं सोचा था कि भगवान के शहर में भी उसकी ऐसी दशा होगी। अब कविता सोच रही थी कि ये उसने कौन-सी दुनिया में क़दम रख दिया है, जहाँ ख़ुद को भी इस बात का विश्वास होता जा रहा था कि कोई-न-कोई पाप तो किया ही होगा जो प्रभु के घर में भी कोई जगह नहीं मिल पा रही। धीमे क़दमों से कविता मंदिर की सीढ़ियों पर बैठने को ही थी कि मंदिर के अंदर से आवाज़ आई, "ऐ लड़की! मंदिर की सीढ़ियों से उतरकर बाहर बैठ।"

कविता मंदिर से दूर जाकर बैठ गई और सोचने लगी कि शायद प्रभु ने उसे अधूरा ही बनाया है– 'जन्म दिया मगर माँ की गोद नहीं, पिता मिले मगर लाड़ नहीं, पति दिया मगर उसका साथ नहीं, सुहाग दिया मगर पत्नी धर्म निभाने का अवसर नहीं।'

कविता की आँखों में एक बार फिर से आँसू थे। मंदिर के बाहर ऐसी हालत में तड़पने के सिवा कोई और रास्ता नज़र नहीं आ रहा था। रो-रोकर आँखें पत्थर होने को आई थीं, मगर स्वयं के सिवा किसी को उसका ख़याल नहीं था। स्थिति और परिस्थिति दोनों ही उसके अनुकूल नहीं थे और इसका कारण था कि पति मर गया था। ऐसी स्थिति में देख सबके मुँह से बस एक ही बात निकलती– 'अभागिन कहीं की!'

दूर बैठी कुछ महिलाएँ ये सब देख रही थीं। उन्हें कविता की स्थिति

का आभास हुआ। तभी उनमें से कुछ महिलाएँ कविता के पास आकर उसे साथ चलने को कहने लगीं।

"कौन हो आप लोग? मुझे साथ चलने को क्यों कह रही हो, कहाँ चलना है?" कविता ने थोड़ा डरते हुए पूछा।

"डरो मत, हम भी वही हैं जो तुम हो।"

"मतलब, मैं कुछ समझी नहीं!"

"तुम विधवा हो न?"

"हाँ, मेरे पति की एक दुर्घटना में मृत्यु हो गई है। मगर इसमें मेरा क्या दोष?"

"परेशान मत हो, तुम हमारे साथ चलो। यहाँ रहना तुम्हारे लिए सही नहीं।"

"मगर क्यों?"

"देखो हमारी बात मानो और साथ चलो।"

कुछ ही क्षण में कविता ने ख़ुद को सँभाला और उनके साथ जाने के लिए तैयार हो गई। साथ चलते-चलते वो सभी विधवाओं को निहारती जा रही थी, जैसे कोई मूल्यांकन चल रहा हो। एक चीज़ जो मुख्यत: उसे महसूस हो रही थी, वह था सूनापन, जो उन सब के चेहरे पर साफ़ झलक रहा था। जैसे किसी ने कुछ चुरा लिया हो। सब भीड़-भाड़ से दूर निकलकर एक विधवा आश्रम के बाहर तक आ पहुँचीं। सब स्त्रियाँ अंदर चली गईं। कविता जैसे ही अंदर क़दम रखने को थी, ख़ुद-ब-ख़ुद उसके क़दम रुक गए और हृदयगति बढ़ गई। आज तक ऐसी जगह जाना तो दूर, कभी देखी भी नहीं थी। तभी मन में हिचकिचाहट के बीच हृदय से एक आवाज़ आई– 'जो अनजान लोग इस अनजान जगह पर

सहारा दे रहे हैं, वो कभी बुरे नहीं हो सकते। उन लोगों से कैसा डरना!'

कविता आश्रम में प्रवेश कर चुकी थी। अंदर का दृश्य मन को शांति देने वाला था। न जाने कितनी ही विधवाएँ अपने-अपने गोपाल के साथ भक्ति में लीन थीं। सबके सामने हाथ जोड़कर कविता ने पूछा, "मैं इस धर्मशाला में कब तक रह सकती हूँ?"

"जब तक तुम चाहो।" एक नई महिला ने जवाब दिया।

"अच्छा, आप सब कब से यहाँ रह रही हो?" सभी महिलाओं की ओर देखकर उसने पूछा।

किसी ने पाँच साल बताया, तो किसी ने तीन साल। कुछ ने तो नौ-दस साल तक बताया। अलग-अलग मुँह से अलग-अलग उत्तर आते रहे।

"अच्छा, परंतु इतने बरसों से आप सब का जीवन-यापन कैसे होता है?"

"हम सब यहीं मिलकर रहते हैं, बस, सब हो ही जाता है।" मुस्कराकर एक महिला ने उत्तर दिया।

उसी समय दस-पंद्रह विधवाओं का एक समूह आश्रम में आया। कविता ने अपने पास बैठी औरतों से पूछा, "ये सब कहाँ से आ रही हैं?"

"ये सब नगर से भिक्षा लेकर आई हैं।"

"भिक्षा क्यों?"

"अरे हम अभागिनों को कोई नौकरी थोड़े ही देगा। बस इसीलिए भिक्षा माँगकर ही गुज़ारा करना होता है।"

"क्यों नहीं दे सकता कोई नौकरी?"

"सब कहते हैं कि हमारी परछाईं भी अगर किसी पर पड़ गई तो वह अपवित्र हो जाएगा। इसलिए भिक्षा के सिवा और क्या उपाय बचता है!"

"परंतु ऐसा क्यों कहते हैं?"

"तुम अभी नई हो न इसलिए समझ नहीं पा रही हो। कुछ दिन यहाँ रहोगी तो सब समझ जाओगी।"

"अच्छा, मगर मैं रहूँगी कहाँ?"

"अरे, यहीं पर हमारे साथ।"

"यहाँ?"

"हाँ, और यहीं ज़मीन पर दरी बिछाकर हमारे साथ सो जाया करना।"

"मगर ऐसी पथरीली ज़मीन में एक दरी पर नींद आ जाती है?"

"हाँ, और कुछ दिनों में तुम्हें भी आने लगेगी।"

"पर नीचे ही क्यों सोना है?"

"ये बात समझ लो कि हमें भोग-विलास और आरामदायक शैली से जीवन जीने की अनुमति नहीं है। इसलिए यहाँ पर रहना है तो ऐसे ही अपना जीवन बिताना होगा।"

तभी पीछे से कविता के सिर पर किसी ने हाथ रखा। झट से कविता ने पलटकर देखा और डरकर सहम गई। सफ़ेद साड़ी में एक बदसूरत-सी महिला पीछे खड़ी थी। चेहरा झुर्रियों से भरा हुआ था। कंकाल-सा शरीर मानो हड्डियों के ढाँचे पर ही किसी ने सफ़ेद कपड़ा डाल दिया हो। सिर पर बचे कुछ बिखरे हुए बाल थे, आँखें जैसे बाहर आने को तैयार थीं। यह महिला इस आश्रम की सबसे बुज़ुर्ग विधवा थी जो अस्सी बरस की हो आई थी, ऐसा शरीर होना बुढ़ापे की ही देन था। सत्य भी

यही है कि बुढ़ापा डरावना ही होता है। कविता अभी इस बात को समझ पाने में असमर्थ थी। क्योंकि शायद अभी उस अवस्था तक पहुँचने में लाखों मुसीबतों का सामना करना बाक़ी था। व्यक्ति का वास्तविक स्वरूप बुढ़ापे में ही नज़र आता है क्योंकि बुढ़ापे में झेली गई एक-एक चीज़ इस मायारूपी संसार के झूठ से पर्दा उठाती है। अंत में जो सच्चाई निकलकर सामने आती है वो होता है बुढ़ापा अर्थात सत्य।

इतनी भद्दी कुरूप सूरत कविता ने कभी देखी न थी, फिर भी उसकी नज़रें ताई के चेहरे से हट नहीं रही थीं। ताई ने कविता को प्यार से अपने पास आने का इशारा किया। कविता ने आसपास खड़ी औरतों को देखा और धीरे से क़दम खिसकाकर ताई के थोड़ा पास आ गई। ताई ने फिर से कविता के सर पर हाथ फिराते हुए मरी हुई आवाज़ में पूछा।

"बिटिया, क्या नाम है तुम्हारा?"

"(घबराते हुए कहती है) जी, कविता।"

"कहाँ से आई हो?"

"जी सोनकपुर से, जी मेरे पति..."

"हाँ-हाँ मैं समझ गई, कौन सुहागन यहाँ इस नरक में क़दम रखना चाहेगी।"

तभी आसपास खड़ी कुछ और महिलाओं ने कविता को समझाया, "अरे तुम ऐसे डर क्यों रही हो? ये तो गंगा ताई हैं, इस आश्रम की सबसे पुरानी और बुज़ुर्ग महिला।" कविता की उम्र की ही एक लड़की आई और बताया कि गंगा ताई को सब अपनी बड़ी माँ मानते हैं। ताई बहुत अच्छी हैं और सबको अपनी बेटियों के जैसे प्रेम करती हैं। लड़की ने बताया कि ताई इस आश्रम में पिछले पैंतालीस सालों से हैं। अपने पति

की मृत्यु के बाद वो यहाँ आई थीं और उन्होंने यह निर्णय लिया था कि अपना जीवन अब यहीं व्यतीत करेंगी और हम जैसी औरतों के लिए अपना जीवन समर्पित कर देंगी। गंगा ताई मानो तपती धूप में हम सब के सर एक छत की तरह हैं।

कविता ने गंगा ताई को दोनों हाथ जोड़कर प्रणाम किया। ताई ने भी मुस्कराकर कविता का अभिवादन स्वीकार किया और सर हिलाकर अपने पास आने का इशारा किया। कविता भी निःसंकोच होकर ताई के निकट आ गई। दोनों बातें करने लगे। कविता भीगी हुई आँखें लिए अपनी आपबीती व स्थिति का व्याख्यान कर रही थी। गंगा ताई सब सुन तो रही थीं, परंतु उनके लिए ये कोई नई बात नहीं थी। वो यह सब अपने जीवन में भुगत चुकी थीं और लगभग जितनी भी विधवाएँ आश्रम में उपस्थित थीं उनकी जीवन की कहानी भी ऐसी ही रही थी। ताई ने कविता को ढाँढ़स बँधाते हुए परेशान ना होने को कहा।

कविता विचलित थी, उसका मन वापस लौट जाने को कह रहा था, परंतु मन में एक जिज्ञासा भी थी। वह यह भी महसूस करना चाहती थी कि जो दौर उसके जीवन में अचानक शुरू हो गया था वो उसे कहाँ तक लेकर जाएगा। बहुत सोचने के बाद उसने यह निर्णय लिया कि फ़िलहाल अपने जीवन को परिस्थितियों के बहाव के साथ बहने देगी ताकि यह भी पता चले कि इस बहते हुए जीवन के किनारे कहाँ जाकर मिलेंगे। अगर क़िस्मत में अथाह कठिनाइयों से भरा सागर लिखा है तो यही सही। दिन से शाम और शाम से रात हो गई, थकी-हारी कविता बेसुध सभी औरतों के संग ज़मीन पर बिछी दरी पर सोने के लिए लेटी तो एहसास हुआ कि ज़रूरी नहीं जीवन सदैव ही मखमली कोमल रुई के गद्दे के समान

बीते! कभी-कभी जीवन ख़ुद के कठोर पहलुओं से भी परिचित कराता है। ये सोचते-सोचते पता ही ना चला कब आँख लग गई और रात से सुबह हो गई।

कमला ने आकर कविता को जगाया। कमला वही लड़की है जिसने कल कविता को गंगा ताई का परिचय दिया था।

"दीदी उठो।"

"सुबह हो गई क्या?"

"हाँ और क्या, चलो जल्दी, देर हो जाएगी ना।"

"किस चीज़ के लिए देर? कहीं चलना है क्या हमें?"

"ये सब बाद में बताती हूँ, पहले नहा लो जल्दी।"

बिना कोई सवाल किए कविता नहाने के लिए जाती है और कमला से कहती है, "कमला क्या तुम साबुन दे सकती हो?"

कमला हाथ में मुल्तानी मिट्टी का एक गोला रख देती है, "ये लो इससे नहा लो।"

"मगर ये तो मिट्टी है!"

"हम सब इसका ही इस्तेमाल करते हैं, और वैसे भी हमें सुगंध-सिंगार शोभा नहीं देता। बाल सँवारने के लिए कंघी भी मत माँगना। ना ही यह पूछना कि क्यों? ये लो साड़ी, गंगा ताई ने भिजवाई है। मैं अब जाती हूँ वरना ताई मुझे डाँटेंगी।"

कविता ने सब सुनकर चुपचाप सर हिलाया और सारी बातों को स्वीकार किया। मन अब शांत था पर ये देखने की इच्छा और बढ़ती जा रही थी कि इस नई-सी दुनिया में और क्या-क्या नया है? कविता सोचकर हैरान थी कि यह किस प्रकार की दुनिया इन सब ने बना ली

है जो सब-की-सब ख़ुद को ही पापी माने बैठी हैं। कविता नहा-धोकर पुरानी-सी सफ़ेद साड़ी व सर पर पल्लू लिए हुए बिना किसी सवाल के सभी के संग चल दी। सभी के हाथ में एक अँगोछा देकर मुट्ठी भर नियम समझा दिए गए थे। जैसे, सिर और आँखें नीचे झुकाकर ही चलना है। किसी से भी नज़र मिलाना बिल्कुल अनुचित है। कोई भी साज-सिंगार नहीं करना है। नगर के लोगों से उचित दूरी बनाकर रखनी है ताकि किसी पर हमारी परछाईं भी ना पड़ पाए। यह भी समझा दिया गया था कि लोगों का काम फ़ब्तियाँ कसना, बातें बनाना है जिस पर ध्यान न ही दें तो बेहतर होगा। हो सकता है लोग गालियाँ दें, दुत्कारें। अपमान करें तो भी कानों में रुई डाले रहना है। क्योंकि पिछले जन्म में पाप हमने किया था और यह समझ लेना था कि यह जीवन व्यतीत करना ही किए गए पापों का प्रायश्चित होगा। कविता सारे नियम-क़ानून चुपचाप सुनती रही और हर बात पर हामी भरते हुए सबके साथ बाहर की ओर निकल ली। यह ऐसा था जैसे वो किसी नई यात्रा पर निकली हो जिसके अपने क़ायदे-क़ानून थे। नगर में सर झुकाकर भीख माँगने जाना था, परंतु ऐसा लग रहा था मानो पति ना मरा हो बल्कि ख़ुद ही काटकर खा लिया हो।

कविता सभी के संग भिक्षा माँगने निकल पड़ी। अब तक सड़क किनारे किसी को भीख माँगते देखा था तो कभी यह अंदाज़ा नहीं लगाया था कि दो वक़्त की रोटी पाने को कितनी कठिनाई का सामना करना होता है। आज का दृश्य विपरीत था, ख़ुद ही घर-घर घाट-घाट गाँव-गाँव जाकर भिक्षा के लिए कड़ी धूप, सर्दी, बरसात में भटकना था। चिलचिलाती धूप में कविता भिक्षा हेतु एक गाँव पहुँची। सर झुकाए अपना पल्लू फैला रखा था। किसी की भी आँखों में उनके लिए दया

भाव नहीं था। लोग भिक्षा देना तो दूर मुँह पर दरवाज़ा बंद कर देते थे। विधवाओं का समूह देखकर इधर-उधर से आवाज़ें आईं। किसी ने कहा, देखो चुड़ैलों की टोली आ गई तो कोई कहता दूर रहो साया भी न पड़ जाए इन पापिनों का। किसी की भी आँखों में उनके लिए कोई सहानुभूति नहीं थी। कभी-कभी पूरे दिन भटकने के बाद पेट भरने लायक़ अनाज भी नहीं मिल पाता था। कभी मन होता था कि मंदिर के द्वार पर जाकर प्रभु की मूरत को एक बार स्पर्श व अभिनंदन कर लें, मगर प्रभु की मूरत तो दूर, द्वार के निकट जाना भी मना था।

कई दिन गुज़र गए और उसी दिनचर्या के बीच कविता को अब इस सब की आदत होने लगी थी। सुबह उठना, स्नान कर जो भी रूखा-सूखा मिल जाए खा लेना, फिर भिक्षा के लिए निकल जाना। शाम को थक-हार के आकर खाना पकाना और ज़मीन पर सो जाना। एक और दिन आया व सभी विधवाओं संग कविता भिक्षा माँगने के लिए पंडितों के गाँव पहुँची। आसपास का माहौल अच्छा लग रहा था। ऐसा लग रहा था जैसे बहुत ही सभ्य और धनी लोगों का गाँव होगा। तुरंत ही कविता को अपने गाँव की याद आ गई। आख़िर वह भी ब्राह्मण परिवार से ताल्लुक़ रखती थी। उसे विश्वास था कि यहाँ के लोग सभी विधवाओं की परेशानी पर तरस खाएँगे और कुछ धन व खानपान का सामान मिल ही जाएगा। इतने अमीर लोग थे, कुछ तो देंगे ही, वह इस बात को लेकर पूर्णतः आश्वस्त थी। परंतु वास्तविकता शायद सोची गई बात से कहीं अलग होती है।

यूँ तो विधवाएँ हर दूसरे-तीसरे दिन भिक्षा के लिए इस गाँव में आती रहती थीं और रोज़ ही लोगों की नज़र उन पर पड़ती थी, परंतु आज कुछ

लोगों की नज़र विधवाओं पर पड़ी तो उन्हीं पर टिकी रह गई। आज एक जवान ख़ूबसूरत और नई विधवा समूह में थी। कुछ घूर-घूर कर कविता को देख रहे थे तो कुछ का व्यवहार बहुत ही विनम्र था। कुछ लोग तो भिक्षा देने के लिए स्वयं ही आ रहे थे। कविता को गर्व महसूस हो रहा था कि विनम्रता के साथ उनकी मदद करने को लोग हाथ आगे बढ़ा रहे थे। परंतु यह दृश्य एक क्षण में ही बदल गया। भिक्षा देने के बहाने कुछ लोग पास आकर कविता को छूने का प्रयास करने लगे, कुछ की आँखें ऐसे फटी-सी थीं मानो किसी जंगली जानवर को अपना शिकार मिल गया हो, बस नोच के खाना ही बाक़ी था। कविता के लिए इस बात का विश्वास करना बहुत कठिन था, परंतु अब अहसास हो रहा था कि भले ही वह ब्राह्मण परिवार से थी, पर कटु सत्य यही था कि अकेली औरत का समाज में कोई सहारा नहीं होता। ऐसी औरत का जीवन तो मानो मज़ाक़ के समान है। जिसको भी देखो उसकी नज़र बस इज़्ज़त तार-तार करने पर थी, फिर चाहे वह पढ़ा-लिखा हो या धनी।

मन निराश था। आश्रम में वापसी पर कविता की नज़र कमला पर पड़ी। कमला इतनी प्रसन्न मुद्रा में थी जैसे कोई दुख या पीड़ा ही ना हो। कविता आश्चर्यचकित थी कि इतनी दरिद्र परिस्थिति में भी कमला इतनी प्रसन्न कैसे थी? कविता से रहा न गया और यह बात पूछने की प्रबल इच्छा हुई। पैदल चलते-चलते कविता कमला की तरफ़ गई और थोड़ा मुस्कराकर पास आने का इशारा किया। इससे पहले कि कविता कुछ कहती, वह ख़ुद ही हँसकर बोली।

"अरे दीदी कैसी हो?"

"ठीक हूँ।"

"आपको पता है आप बड़ी सुंदर हो!"

कविता हल्का-सा मुस्करा देती है। कहती है, "कमला तुम बड़ी ख़ुश नज़र आ रही हो, कोई ख़ास बात है?"

"हाँ और क्या? वैसे भी यहाँ क्या दुख है सब इतना अच्छा तो है।"

"सच में तुम्हें यहाँ कोई दुख नज़र नहीं आता?"

"नहीं तो, मुझे क्या दुख होगा?"

"कभी घर-परिवार, पति की याद नहीं आती?"

"मुझे तो यहाँ सब अच्छा लगता है। और परिवार का क्या है, अब यही तो परिवार है। कभी-कभी पति की याद आती है, मगर क्या कर सकते हैं। जब मैं सोलह साल की थी तब मेरी शादी हुई। मेरे पति तीस बरस के थे। मैं भी एक परिवार के बीच रहा करती थी। मेरे पति शराब और नशे में इतने लिप्त थे कि उन्होंने मुझ पर कभी ध्यान ही नहीं दिया। रात-रात भर घर नहीं आते थे, फिर भी मेरे परिवार ने इस बात के लिए भी मुझे ही दोषी ठहराया। पति की गंदी लतों और आदतों के कारण संतान प्राप्ति नहीं हुई तो भी परिवार ने मुझे दोषी ठहराया। दिन-रात नौकरानी की तरह घर का काम और सास-ससुर की सेवा करती फिर भी कोई सम्मान नहीं दिया जाता था। मैं बाईस साल की ही हुई थी कि मेरे पति गुज़र गए। पति अपनी आदतों की वजह से बीमारी में चल बसे, मगर दोषी मुझे ठहराया गया। पति के जाने के बाद परिवार के जेठ-देवर ही मुझ पर ग़लत नज़र डालने लगे इसलिए मैंने सोचा इस नरक में रहने से अच्छा है मर जाऊँ। उस वक़्त दुख में घर से क़दम निकाल चुकी थी। बाद में वापस जाना तो चाहती थी पर दुनिया बहुत ही निर्दय है दीदी। वापस जाती भी तो घर वाले लांछन लगाते, सामाजिक बहिष्कार करते।

मन में डर लिए सीधा कान्हा की शरण में आ गई। मैंने हज़ार दुख-दर्द सहे, मगर यहाँ मुझे अच्छा लगता है। जैसा भी है परंतु यहाँ मैं अपने मन से स्वतंत्र हूँ, खुल के बोल सकती हूँ, खुल के साँस ले सकती हूँ। और तो और, यहाँ ऐसा कोई नहीं है जो मुझे मेरे पति की हत्यारिन बताने का समर्थन करे। भीख माँगकर ही सही, रूखी-सूखी ही सही, चैन की रोटी तो खा सकती हूँ, और मुझे इस बात की पूरी संतुष्टि है। अगर कोई पाप मैंने पिछले जन्म में किया भी है तो क्यों ना उसका प्रायश्चित मैं हँसते हुए करूँ। इसीलिए मैं ख़ुश रहने की कोशिश करती हूँ और तुम भी रहा करो।"

कमला की बातों पर कविता ने भावुक होकर उसे गले से लगा लिया। कमला ने कविता को धैर्य बनाए रखने को कहा। कविता को भी आज ये महसूस हुआ कि केवल वही नहीं थी जो इस समाज और क़िस्मत की मारी थी। शायद यहाँ हर किसी का दुख उसके दुख से एक क़दम आगे था। ऐसे ही बातें करते हुए दोनों आश्रम की ओर निकल गईं।

उधर छोटू जी चिंतित थे। दस-पंद्रह दिन बीत चुके थे, मगर कविता की कोई ख़बर नहीं थी। जिसे रोज़ देखने की आदत-सी पड़ चुकी थी उसकी कोई ख़ैर-ख़बर नहीं थी। व्याकुलता भी बढ़ती जा रही थी। ये समझना मुश्किल था कि कविता के बारे में किससे पूछा जाए। जानकारी मिले भी तो कहाँ से मिले। व्यक्ति की मुश्किलें तब और ज़्यादा बढ़ जाती हैं जब मन में कोई ऐसी बात हो जो पानी के तेज़ प्रवाह के सामान है परंतु इस प्रवाह को खुल के बहने का रास्ता नहीं मिल पाता। मन की बात फूटकर बाहर तो आना चाहती थी, मगर किसी को बतलाना संभव नहीं था। अकसर ऐसी बातें ही हृदय तल में भूचाल मचाने का कार्य

करती हैं। बीते रोज़ दोनों कविता के स्कूल भी हो आए थे ताकि कुछ ख़बर मिल पाए, परंतु स्कूल से ना ही कोई मदद मिल पाई ना ही कोई सूचना, जिस कारण छोटू जी का मन काम-धाम में भी नहीं लग पा रहा था। सुबह-शाम कान और आँखें शर्मा जी के मकान पर लगी रहतीं कि फिर से एक दिन खिड़की का पर्दा खुले और मायूसी से भरी हुई ही सही फिर से कविता की सूरत दिखाई दे।

एक और दिन बीत गया। मन व्याकुलता से भरा हुआ था तो आज साहब से जल्दी घर जाने की आज्ञा ली। वापस घर आ गए। गर्मियों का समय था, थोड़ी धूप ढलते ही छोटू जी घर के नीचे टहलने निकल लिए ताकि जलते हुए मन एवं तन में ठंडी हवा का स्पर्श हो जाए। ठंडी हवा भी चमत्कार से भरी हुई होती है, तन को छूकर तो यह अच्छा अनुभव कराती ही है साथ ही मन को बिना छुए ही अपने वश में कर लेती है। छोटू जी कविता के बारे में सोच ही रहे थे कि तभी पड़ोस वाली शर्मा आंटी और चार-पाँच औरतें चौकड़ी जमाए बातें बनाती सुनाई दीं। वैसे तो छोटू जी कभी भी ध्यान नहीं देते थे, मगर आज उनकी बातों पर अचानक ध्यान गया।

चारों में से एक औरत कह रही थी, "ये ऊपर वाली लड़की नहीं दिख रही कई दिनों से?"

शर्मा आंटी बोली, "कौन वो मास्टरनी?"

एक औरत, "हाँ।"

शर्मा आंटी कहने लगी, "जाएगी कहाँ, गई होगी कहीं घूमने-फिरने, भला कौन रोकने-टोकने वाला उसे।"

"हाँ, सही बात है, ना बाप है और ना ही पति और सुनने में आया

है कि ससुराल से भी निकाल दिया है।"

"क्या पता किस के सहारे रह रही है।"

गुप्ताइन बोली, "अरे उस दिन जब हम उसके बारे में बातें कर रहे थे तब सुन रही थी खड़ी हुई।"

"अच्छा!"

"हाँ और क्या। तभी तो मैं और तेज़ आवाज़ में बोल रही थी ताकि कुछ तो सुने और शर्म आए।"

"अरे क्या-क्या सुना दिया उसे बातों-बातों में?"

"आप उस दिन थीं नहीं शायद, मैंने बातों-बातों में सुना ही दिया कि अभी भी समय है, अगर पापों का प्रायश्चित करना चाहती है तो वृंदावन जाकर प्रभु की सेवा करे वरना अगले जन्म में भी विधवा हो जाना तय है तेरा।"

"सही किया। ज़्यादा ही सजधज के घूम रही थी आजकल।"

इतना सुनते ही जो पर्दा छोटू जी के दिमाग़ पर पड़ा हुआ था वह धीरे-धीरे हटने लगा। अब सब समझ आने लगा था। छोटू जी को डर था कि कहीं ऐसा न हो कि कविता सच में वृंदावन निकल गई हो। यह भी हो सकता था कि हृदय को चीर देने वाले शब्दों से क्षुब्ध होकर कविता ने कोई ग़लत क़दम उठा लिया हो। छोटू जी तुरंत रावत जी के पास भागे।

"भाई, कविता मिल गई!"

"अच्छा कहाँ है?"

"शायद वृंदावन में।"

"शायद मतलब? और वृंदावन में क्या कर रही है?"

"ये सब कुछ पता नहीं है मुझे, बस तैयार हो जा हमें जाना है।"

"मगर कहाँ?"

"वृंदावन, वो वहीं गई होगी।"

"पर इस तरह उसे ढूँढ़ेंगे कैसे?"

"ढूँढ़ ही लेंगे कहीं न कहीं पर। भाई तू चल बस।"

रावत छोटू जी की चिंता को भली-भाँति समझते थे। एक अच्छे और सच्चे मित्र की तरह अपने दोस्त के क़दम से क़दम मिलाकर रावत जी बिना कोई प्रश्न किए छोटू जी के साथ हो लिए। बोले कि तेरे साथ चल तो रहा हूँ परंतु बचपन की कोई अच्छी-सी घटना सुनानी होगी। ना चाहते हुए भी छोटू जी ने हामी भरी और दोनों साथ हो लिए। किसी तरह दौड़ते-भागते दोनों ने वृंदावन जाने वाली बस पकड़ी और चुपचाप पहुँचने की प्रतीक्षा करने लगे।

बस चलती रही, विचार छोटू जी के मन में भूचाल मचाते रहे और दोनों ही मुँह लटकाए बैठे रहे। तभी रावत जी ने टाँग में टाँग मारकर आँखों को मटकाते हुए इशारा किया। छोटू जी समझ गए कि बचपन का कोई क़िस्सा सुनाने का समय आ गया है। वैसे भी समय काटना मुश्किल हो रहा था इसीलिए छोटू जी एक क़िस्सा सुनाने कोई राज़ी हो गए।

छोटू जी क़िस्सा सुनाना शुरू करते हैं...

हम तीनों एक नंबर के घुमक्कड़ थे। मगर परेशानी यह थी कि घूमने-फिरने में समय बहुत लग जाया करता था। मस्तीखोरी में हम पैदल घूमने तो निकल जाया करते थे पर जब शाम को देर से घर में घुसते तो घर वाले जमकर लताड़ लगाते। कभी-कभी तो गौरव और मेरी इतनी डाँट लगती थी कि हम दोनों के आँसू तक निकल आते। हम प्रण ले चुके थे कि अब घूमना-फिरना बिल्कुल बंद कर देंगे। मगर वास्तविकता

है कि सच्चा जज़्बा तो बचपन में ही होता है जब उस ज़ज़्बे के लिए हर रोज़ एक वादा ख़ुद से किया जाता है और हर रोज़ एक तोड़ दिया जाता है। अगली शाम फिर आई और तिकड़ी फिर से घूमने-फिरने निकल ली। हम तीनों में से किसी के पास कोई भी वाहन नहीं था, मगर हाँ एक-एक साइकिल ज़रूर थी। पर अगर साइकिल पर टहलने निकलते तो लड़कियों के हमें देखने की संभावना साठ-पैंसठ प्रतिशत कम होना निश्चित था। इसलिए हम नक्शेबाज़ी में पैदल ही निकल लिया करते थे। साइकिल से अच्छा तो पैदल जाना ही था।

एक दिन मोहल्ले में एक नई मोटरसाइकिल घूमती दिखाई दी। एकदम मस्त, लाल रंग की मोटरसाइकिल किसी दुल्हन जैसी। क्या मस्त आँखों जैसी टिमटिमाती लाइटें और काले रंग की गद्दी, भई वाह! मैंने बड़े ध्यान से देखा तो टिल्लू मोटरसाइकिल लेकर हमारी ही तरफ़ आ रहा था। टिल्लू, गौरव का छोटा मामा था। ऐसा मामा जो किसी शकुनि से कम नहीं था। जब देखो टिल्लू की शिकायत पर गौरव को ख़ूब मार पड़ती रहती थी। गौरव के दो मामा थे- बड़े मामा वकील और छोटा टिल्लू। गौरव बड़े मामा का मन-ही-मन जितना सम्मान करता था उतना ही टिल्लू को मन में गालियाँ देता था। हमेशा इसी बात का फ़ायदा मैं और कालू उठाते थे और हमेशा गौरव को टिल्लू के ख़िलाफ़ भड़काते रहते थे।

डीके (यानी डार्क काला अर्थात कालू) ने कहा, "अबे डांडी, ये तो टिल्लू है यार।"

गौरव बोला, "हाँ तो क्या करूँ?"

डीके ने पूछा, "अबे इस भिखारी के पास मोटरसाइकिल कैसे

आई?"

मैंने भी कहा, "यार किसे लूट लिया इसने?"

गौरव कहने लगा, "मुझे क्या पता..."

डीके बोला, "जा ना मोटरसाइकिल ले आ भाई, घूमेंगे..."

गौरव ने जवाब दिया, "तू ले आ... लेकर आ सके तो... मैं ना जा रहा..."

मैंने कहा, "अबे वो तेरा मामा है इसका नहीं। कान पे चपत मार के भगा देगा इसे।"

गौरव कहने लगा, "हाँ तो मेरी कौन-सी पूजा करता है वो। जब देखो मार ही तो पड़वाता है नानी से।"

हम दोनों गौरव को उकसाते हुए बोले, "जा ना मोटरसाइकिल ले आ। फिर तीनों घूमेंगे, सोच सोनकपुर के आठ-दस लड़के ही मोटरसाइकिल से घूमते होंगे। क्या शान होगी अपनी और लड़कियाँ पलट-पलट कर देखेंगी वो अलग।" गौरव ने भी सोचा कि बात तो सही है, मगर टिल्लू के हाथ से मोटरसाइकिल की चाबी लेना जैसे शेर के मुँह से निवाला छीनना था।

हम तीनों जितना टिल्लू को बेवकूफ़ समझते थे, टिल्लू ख़ुद को उतना ही बड़ा शातिर, होशियार व चालाक समझता था। टिल्लू शादीशुदा और दो बच्चों का बाप था पर बातों में परिपक्वता का नामो-निशान नहीं था। टिल्लू से अगर कोई पूछे कि भैया जरा कमज़ोरी-सी हो रही है क्या करें तो टिल्लू फटाक से मुँह खोलता और कहता, "बढ़िया वाला शिलाजीत अगर मिल जाए तो उसे एक गिलास गर्म दूध में बिना चीनी के एक महीने तक पी लो, बस तुम्हारी सारी की सारी कमज़ोरी दूर हो

जाएगी।" महाराज को इस बात से मतलब नहीं था कि कमज़ोरी है किस वजह से? थकान हो सकती है, बुख़ार हो सकता है, सर्दी हो सकती है मगर टिल्लू के पास हर मर्ज़ के इलाज की बस एक ही दवा थी, शिलाजीत। पता नहीं टिल्लू भाई कहाँ से डॉक्टरी करके आए थे।

एक दिन हम तीनों ने निर्णय लिया कि मोटरसाइकिल तो घूमने के लिए लेनी ही है, क्यों ना कोई तिकड़म लगाई जाए। हम बहुत दिनों तक सोचते रहे, मगर कोई सफलता नहीं मिल पाई। मैं और डीके एक दिन सुबह-सुबह गली के बाहर खड़े डांडी का इंतज़ार कर रहे थे तो देखा कि टिल्लू गली के बाहर खड़ा था। गौरव आया और हम तीनों सुबह की सैर पर निकल गए।

डीके बोला, "तेरे इस मामा का कोई चक्कर चल रहा है क्या?"

गौरव तुरंत बोल पड़ा, "पागल है क्या... मामी जान से मार देगी..."

डीके बताने लगा, "अच्छा तो ये रोज़ सुबह छह बजे क्यों बाहर आकर खड़ा हो जाता है, जैसे किसी का इंतज़ार करता हो।"

गौरव ने कहा, "अरे ऐसे ही आता होगा। मामी से कितना डरता है पता भी है?"

मैंने कहा, "अबे डरता तो मैं भी अपने बाप से हूँ तो क्या लड़कियाँ ताड़ना बंद कर दूँ। और डीके सही कह रहा है भाई... डांडी तू माने या ना माने पक्का कोई तो चक्कर है।"

डीके बोला, "यार वो जो संजय भैया ने अपने कोचिंग में पढ़ाने को मास्टरनी नहीं रख रखी है पतली-सी..."

गौरव ने हामी भरी, "हाँ है... तो?"

डीके बोला, "अबे वो तेरे मामा से बात कर रही थी एक दिन, देखा

था मैंने।"

मैंने व्यंग्य से कहा, "अजी हाँ! शकल देखी है टिल्लू की?"

गौरव भी कहने लगा, "यार सही बता..."

डीके बोला, "हाँ यार सही में।"

मैंने कहा, "बेटा तेरा मामा पक्का कोई खिचड़ी पका रहा है... शर्त लगा ले तू।"

डीके बोला, "अबे नंबरी है तेरा मामा... लिख के ले ले..."

हम तीनों ने एक तरकीब निकाली और बिल्कुल आश्वस्त हो गए कि अगर टिल्लू का कहीं चक्कर है तो पक्का इस तरकीब में फँस जाएगा। उधर गौरव को डर था कि अगर मामा नहीं फँसा और उसे कुछ पता चल गया तो बहुत कमर तोड़ी जाएगी। साथ ही मामा नानी से कहकर हाथ-पैर एक करवा देगा। मैंने और डीके ने गौरव को समझाया कि अगर तरकीब काम कर गई तो रोज़ शाम को मामा की मोटरसाइकिल घूमने को मिलेगी। डांडी बुरा फँस गया था। वह अब करे भी तो करे क्या, दोस्ती से बढ़कर कोई धर्म भी तो नहीं होता ना। अगली सुबह तीनों ठीक पौने छह बजे घरों से निकल आए। उम्मीद के अनुसार ठीक छह बजे टिल्लू गली के बाहर ही था और बेफ़िकर खड़ा हवा खा रहा था...

मैंने शुरुआत की, "टिल्लू भैया राम-राम।"

टिल्लू (ताव के साथ), "राम-राम..."

डीके बोला, "कैसे हो टिल्लू भैया?"

टिल्लू (ताव के साथ), "बढ़िया हूँ!"

मैंने कहा, "भैया मोटरसाइकिल बड़ी बढ़िया है आपकी!"

टिल्लू (ताव के साथ), "पचास हज़ार की है... तुम साइकिल देखो अपनी।"

डीके बोला, "टिल्लू भैया! आज आई नहीं क्या?"

टिल्लू (हैरान होते हुए), "कौन नहीं आई?"

गौरव ने आँख मारते हुए कहा, "अरे जिसके इंतज़ार में खड़े हो मामा!" तीनों ज़ोर से हँसे।

घबराहट में जो पसीना आ गया था उसे पोंछते हुए टिल्लू हकलाया, "क...क...किसके इंतज़ार?"

डीके हँसते हुए बोला, "अरे टिल्लू भैया, संजय भैया की कोचिंग में एडमिशन क्यों नहीं ले लेते!"

टिल्लू कहने लगा, "अरे यार तुम लोग भी बस..."

मैंने पूछा, "भैया कितना एवरेज देती है?"

टिल्लू(हड़बड़ाहट में), "कौन?"

डीके ज़ोर से हँसते हुए बोला, "अरे मोटरसाइकिल और कौन। कोचिंग वाली भी एवरेज देती है क्या?"

टिल्लू भैया के होश हवा-हवाई हो गए, प्यार से बोले, "अरे चलाकर देखोगे तभी तो पता चलेगा ना। गौरव ले चाबी, ज़रा तीनों घूम-फिर कर आओ। वैसे भी गाड़ी का इंजन अभी रवाँ नहीं हुआ है।"

डीके बोला, "अच्छा टिल्लू भैया, शाम को चाबी दे देना ज़रा मार्केट जाना है। और आप चालू रखो अपना, हम ज़रा घूम के आते हैं।"

बस हम तीनों यार मामा की खिंचाई कर सुबह की सैर पर निकल गए। ख़ुशी का ठिकाना नहीं था। अब शाम को पैदल नहीं घूमना होगा। मोटरसाइकिल पर घूमेंगे और सोनकपुर में अपना अलग ही जलवा

होगा। हम तीनों का हँस-हँस के बुरा हाल था। विश्वास नहीं हो रहा था कि तीनों ने केवल एक तुक्का मारा था, ये निशाना सही कैसे बैठ गया। अब क्या था, अब तो हम तीनों रोज़ टिल्लू की मोटरसाइकिल पर घूमते और तेल भी उसी की जेब से डलवाते थे।

क़िस्सा सुनकर रावत का पेट हँसी के मारे दुखने लगा और इसी बहाने छोटू जी के चेहरे पर भी मुस्कराहट आ गई। रावत का ऐसे माहौल में छोटू जी से क़िस्सा सुनने का यही कारण भी था कि छोटू जी परेशानी भूलकर कुछ पल के लिए ही सही थोड़ा तो मन हल्का कर लें।

यदि झूठ बोलना पाप है तो गुनहगारों की श्रेणी में सर्वप्रथम मुस्कराहट को रखना चाहिए क्योंकि एक तनिक-सी मुस्कराहट के पीछे ख़ुद व दूसरों से बोले गए झूठ का पुलिंदा होता है। शायद इसीलिए आज छोटू जी सबसे बड़े गुनहगार प्रतीत हो रहे थे।

उधर कविता रात्रि में सभी महिलाओं संग भिक्षा माँगकर आश्रम पहुँची। इतने मानसिक तनाव के बीच भूख-प्यास नहीं थी। मगर बिना खाए जीना भी तो संभव नहीं। पेट तो भरना ही था। मन का बोझ पेट की भूख को कभी ख़त्म नहीं कर सकता। जो कुछ भिक्षा में मिलता था सब विधवाएँ एक साथ मिलकर उसी का खाना बनाती थीं। जैसे-तैसे पेट की ज़रूरत को पूरा कर वहीं खुरदरी ज़मीन पर दरी बिछाकर लेट जाती थीं। निगाहें आसमान की ओर होती थीं। आँखें मानो तारों में परेशानियों का हल निकालना चाह रही हों।

तभी अचानक कविता के मन में छोटू जी का ख़याल आया और एक हल्की-सी मुस्कान उसके होंठों पर आ गई। उसने मन-ही-मन में

सोचा कि छोटू जी कितने अच्छे स्वभाव के व्यक्ति थे। वो बिल्कुल भी औरों जैसे नहीं थे। परंतु मन को अब किसी पर विश्वास नहीं रहा था। जब सारी दुनिया ने दुत्कारा था तो कैसे अपने मन को इस बात का विश्वास दिलाया जा सकता था कि छोटू जी इस समाज जैसे नहीं होंगे। कविता ने कभी छोटू जी से बहुत खुल के बातचीत नहीं की थी, मगर वह ये बात भी अच्छे से जानती थी कि वो उसे बहुत पसंद करते हैं। जब से वो सोनकपुर आई थी तभी से छोटू जी उसे छुप-छुप कर देखते थे और उससे बात करने की कोशिश भी किया करते थे। इस बात का पता भी कविता को था। यह बात पहले तो कभी कविता को महसूस नहीं हुई थी, मगर आज इस बात का एहसास हो रहा था कि चंद दिनों के लिए ही सही एक अच्छा दोस्त उसे मिला।

कविता यह मान चुकी थी कि ऐसा जीवन ही अब उसके भाग्य में लिखा है। मगर, ये दुनिया बड़ी मतलबी है, विपरीत और उथल-पुथल वाली परिस्थितियों में कोई अपना नहीं होता। अब कविता को लग रहा था कि अच्छा हुआ जो वो सोनकपुर से यहाँ आ गई। उसे यह पता था कि छोटू जी उसे बहुत पसंद करते हैं, वो अगर सोनकपुर में रहती तो शायद छोटू जी का मन उसकी वजह से सदैव विचलित रहता और उनके भविष्य पर इसका अच्छा प्रभाव नहीं पड़ता। एक विधवा को अधिकार नहीं है कि किसी और के बारे में सोचे, और अगर अधिकार होता तब भी कविता की दृष्टि में ये ग़लत था क्योंकि समाज इसकी स्वीकृति नहीं देता। यही सब सोचते-सोचते कब नींद आ गई पता न चला।

अध्याय 10

उधर छोटू जी रावत संग वृंदावन पहुँच चुके थे। मगर यहाँ आकर तो परेशानी और बढ़ चुकी थी। वो आज से पहले कभी वृंदावन नहीं आए थे तो क्या पता था इतनी बड़ी जगह होगी। यहाँ का दृश्य अद्भुत था। मंदिरों की तो जैसे रेल-सी थी जो ख़त्म होने का नाम ही नहीं ले रही थी। अब इस समय सबसे बड़ी दुविधा थी कि कविता ऐसी भीड़ में कैसे मिलेगी ? वहीं दूसरी ओर रावत जी अपनी एक अलग ही परेशानी में थे। वह थी गुटके की तलब। उन्हें कविता से कोई ख़ास लेना-देना नहीं था। बस अपने दोस्त की फ़िक्र थी तो साथ हो लिए थे। दुविधा यह नहीं थी कि गुटका खा नहीं सकते थे बल्कि दुविधा यह थी कि गुटका खाने के बाद अपनी मुंडी को कमान और गुटके की पीक को तीर बनाकर किस दिशा में निशाना लगाएँ कि वो पीक किसी नई दीवार पर एक अद्भुत चित्रकारी का उदाहरण प्रस्तुत कर दे। हर ओर प्रभु का द्वार था, हर दिशा में प्रभु की तस्वीर। गुटका कहाँ और कैसे थूका जाए समझ से परे था। दोनों ही इस समय परेशानियों से घिरे हुए थे। दोनों की परेशानियाँ अलग-अलग थीं फिर भी एक-दूसरे की परेशानियों को भली-भाँति समझते थे। अब एक-दूसरे की ओर देख आँखों ही आँखों में इशारा किया कि जो

होगा देखा जाएगा, प्रभु के घर आए हैं तो क्यों ना सब उन्हीं पर छोड़ दिया जाए। इतना सोचकर दोनों आगे बढ़ गए।

सुबह से दोपहर होने को आई थी पर इधर-उधर भटकने के सिवा कोई समाधान अभी तक नहीं मिल पाया था। मन में विचार आया कि क्यों ना विधवा आश्रम के बारे में पता किया जाए। मन के अनुरूप कई लोगों से पूछा, मगर कहीं से सूचना नहीं मिल पा रही थी।

छोटू जी बोले, "क्या किया जाए?"

रावत जी गहन मुद्रा में नज़रें इधर-उधर घुमाते हुए बिल्कुल शांत रहे।

छोटू जी ने फिर कहा, "बता ना यार!"

"रुक, वो भिखारी दिख रहा है उससे पूछते हैं।"

"उसे क्या पता होगा!"

"ये भारतीय समाज है, यहाँ भिखारी और विधवा की स्थिति में कोई ख़ास अंतर नहीं है। वैसे, कम-से-कम भिखारी खुल के भीख तो माँग सकता है। लोगों को किसी जवान औरत के विधवा होने का पता चल जाए तो वो भीख भी ना माँग पाए। और वैसे भी जो लोग विधवाओं की स्थिति और परेशानियों से परिचित नहीं हैं वो विधवाओं का पता क्या जानते होंगे।" इतना कहकर रावत जी मंदिर के बाहर बैठे भिखारी के पास चले गए।

रावत जी ने कहा, "भैया, सुनिए तो..."

"जी बाबू जी।"

"यहाँ कोई विधवा आश्रम है?"

"जी हाँ, यमुना घाट के आगे क़रीब सौ क़दम दक्षिण में कई

विधवाएँ एक बस्ती में रहती तो हैं। परंतु आप क्यों पूछ रहे हैं?"

"हम किसी को खोजते हुए यहाँ तक आए हैं। अगर कुछ और बता पाओ तो अच्छा होगा।"

"बाबू जी बस यही पता है। और हाँ, रोज़ सुबह आश्रम की विधवाएँ भिक्षा लेने के लिए यहीं से होते हुए निकलती हैं।"

"अच्छा!"

"जी हाँ, आप लोग वहाँ चले जाइए, कोई ना कोई सहायता अवश्य मिलेगी।"

"ये लीजिए हमारी ओर से ये कुछ पैसे..."

भिखारी (हाथ जोड़ते हुए), "आप तो स्वयं ही सहायता के लिए मेरे पास आए हैं, मैं कितना ही असहाय क्यों न हूँ, आपसे ये पैसे कैसे ले सकता हूँ!"

उस भिखारी की बात सुनकर छोटू जी को एक बात और समझ आ गई थी कि हर एक व्यक्ति चाहे कितना भी अमीर क्यों ना हो, किसी न किसी परिस्थिति में किसी न किसी दिन तो वह स्वयं को भिखारी की परिस्थिति में पाएगा ही। दोनों ने भिखारी का धन्यवाद किया और आश्रम की ओर निकल लिए।

उधर दोपहर का समय था, कविता बाक़ी विधवाओं संग भिक्षा लेकर जल्दी लौट आई थी। वो आश्रम में प्रवेश कर ही रही थी कि देखा, निकट आश्रम के बाहर एक महिला का मृत शरीर रखा था जिसे चारों तरफ़ से बाक़ी विधवाओं ने घेरा हुआ था। सब आपस में बातें कर रही थीं। कविता ने उनकी बातें सुनने के लिए थोड़ा ध्यान लगाया।

औरतें अलग-अलग बातें कर रही थीं।

एक कह रही थी, "अच्छा हुआ मर गई!" दूसरी ने कहा, "अपने पापों का प्रायश्चित कर इसने तो मुक्ति पा ली और भगवान के चरणों में जगह मिल गई इसे।" एक ओर से आवाज़ आई, "मगर इसकी अंत्येष्टि कौन करेगा? ऐसा न हो इसका शरीर यहीं पड़ा रहे।" दूसरी महिला बोली, "जो भी हो अब प्रभु की इच्छा।"

उन सब की बातें कविता को बहुत ही अजीब लगीं। उसने गंगा ताई के पास जाकर पूछा, "ताई, इसका शरीर कब तक यहाँ ऐसे ही पड़ा रहेगा? ये औरतें कह रही हैं कई घंटे हो गए हैं। क्या ऐसे में इसके परिवार को सूचित करना उचित नहीं रहेगा?"

"हाँ, उचित तो यही है। परंतु अगर इसकी किसी को इतनी ही परवाह होती तो इसे इस नरक में आना ही क्यों पड़ता?"

"मगर ताई, इसमें इसका तो कोई दोष नहीं है, क्या इसे एक सम्मानजनक मृत्यु पाने का अधिकार भी नहीं?"

"अब जो भी है बिटिया तुम्हारे सामने है..."

"ताई, इसका शरीर कब तक ऐसे ही पड़ा रहेगा?" कविता ने फिर से एक बार पूछा।

"पता नहीं, जब तक इसका भाग्य।"

"परंतु अब तो यह जीवित भी नहीं है, तो कैसा भाग्य!"

कविता प्रश्न पर प्रश्न करती रही, मगर ताई के पास उसके प्रश्नों का कोई जवाब नहीं था। कविता का मन ये सब देखकर बहुत विचलित था। उसने भरी हुई आवाज़ में कहा, "मेरे होते हुए ऐसा नहीं होगा ताई। अगर इस वृंदावन में कोई मर्द नहीं है तो मैं इसे श्मशान लेकर जाऊँगी और अपने हाथों से आग दूँगी। ताई, मैं यहाँ नई हूँ, मेरी बात यहाँ कोई

नहीं मानेगा। मैं जो काम करने को कह रही हूँ उसकी अनुमति समाज किसी औरत को नहीं देता। मगर मुझे पता है कि आप साथ दो तो इस मृत पड़ी विधवा को वो अंतिम सम्मान दिया जा सकता है जो इसे अपने जीवनकाल में नहीं मिल पाया।"

कविता की बातें सुनकर ताई हैरान थीं। वो सोच रही थीं कि इतना साहस एक विधवा के अंदर कैसे हो सकता है। कविता का साहस देखकर ताई अंदर ही अंदर से बहुत गर्व महसूस कर रही थीं। वो कविता को केवल सुनती ही जा रही थीं। ताई ने कविता की इस बात पर हामी भरी। कविता, गंगा ताई, कजली और एक विधवा ने मिलकर अर्थी तैयार की। अपने हाथों से मिट्टी देह को उठाकर उस पर रखा और अंतिम यात्रा के लिए निकल पड़े।

यह बात जब नगर में फैली तो संपूर्ण नगर में मानो हाहाकर मच गया। यह बात आग की भाँति नगर में फैल चुकी थी कि कुछ विधवाएँ एक मृत विधवा की अंतिम क्रिया के लिए स्वयं निकल पड़ी हैं। मृतक महिला की अंतिम यात्रा देखने को भीड़ उमड़ने लगी। किसी तरह सभी महिलाएँ श्मशान तक पहुँचीं। श्मशान के बाहर कुछ आदमियों की भीड़ खड़ी थी जो ग़ुस्से में ये प्रण लिए थी कि श्मशान में विधवाओं को घुसने नहीं दिया जाएगा। जीते जी तो समाज ने अपमानित किया ही था, पर मरने के बाद जब आत्मा प्रभु में विलीन हो चुकी थी फिर भी लोगों को ना जाने किस बात की परेशानी थी। यह परेशानी शायद इस बात की थी कि वो शरीर एक विधवा का था या इस बात की कि अंत्येष्टि के लिए विधवाएँ स्वयं आई थीं या शायद इस बात की कि एक विधवा का शरीर विधवाएँ वहीं जाकर जलाएँ जहाँ उनका अपना स्थान हो। यह ना जाने

कैसा अभिशाप था जो मरने के बाद भी नहीं मिट रहा था।

धीरे-धीरे बात पूरे वृंदावन में फैल चुकी थी कि आश्रम में आई एक नई विधवा किसी मृत शरीर को लेकर अंत्येष्टि के लिए निकल पड़ी है। जो भी सुनता हैरत में पड़ जाता। कौन-सी स्त्री पैदा हो गई जो हमारे पूर्वजों के बनाए हुए नियमों को कुचलकर स्त्री होते हुए भी अंतिम क्रिया कराने निकल पड़ी है। गली-मोहल्लों के बाहर लोग भीड़ लगाकर बातें बनाने लगे। अधिकतर इस बात का खंडन कर रहे थे और जिन दो-चार लोगों को सहानुभूति होती भी, वो वो समाज के डर से चुप रह जाते।

उड़ते-उड़ते ख़बर छोटू जी व रावत के कानों तक पहुँची। दोनों सुनकर सोच में पड़ गए कि इस कठोर समाज में ऐसा साहस का कार्य कौन कर सकता है। मन में इच्छा हुई कि देखा जाए। आसपास की भीड़ को उस ओर बढ़ता देख रावत जी व छोटू जी तेज़ क़दमों से भीड़ के साथ-साथ हो लिए। काफ़ी देर तक चलने के बाद श्मशान के निकट पहुँचे तो देखा लोगों की भीड़ लगी थी। कुछ दिखाई नहीं दे रहा था। सबकी नज़रें एक ही तरफ़ टिकी हुई थीं। अपने पंजों के बल उचककर दोनों ने देखने की कोशिश की, मगर कुछ दिखा नहीं। दोनों पास खड़ी एक बैल बुग्गी पर चढ़ गए।

बड़ी मशक़्क़त के बाद भीड़ के बीच में खड़ा एक चेहरा नज़र आया जिसने मानो दिमाग़ के सारे तार हिलाकर रख दिए। श्मशान के बाहर शरीर को कंधा दिए जो स्त्री एक मुर्दे को अंतिम सम्मान देने की जद्दोजहद में लगी हुई थी वह कोई और नहीं कविता थी। इक्का-दुक्का लोगों को छोड़कर कोई भी व्यक्ति कविता के पक्ष में बातें नहीं कर रहा था। छोटू जी थोड़ा नज़दीक गए तो कविता की हालत देख उनकी आँखें

भर आईं। मैले-कुचैले सफ़ेद कपड़े, चेहरे की रौनक़ तो जैसे धूल में मिल चुकी थी। ऐसा प्रतीत हो रहा था मानो वो सालों से किसी कबाड़ बस्ती में रह रही हो। देखकर दोनों ही अचंभित थे, ऐसी हालत कैसे और क्यूँ?

काफ़ी देर तक मिन्नतें करने के बाद भी विधवाओं को शवदाह की अनुमति नहीं दी गई। तब कविता और सब विधवाओं ने निर्णय लिया कि वो शव को यमुना घाट पर ले जाकर वहीं उसका दाह संस्कार करेंगी और समाज के समस्त नियमों को किनारे रखकर कविता ख़ुद ही चिता को अग्नि देगी।

घंटों के तमाशे के बीच आख़िरकार कविता ने शव को अग्नि दी। रावत व छोटू जी देखने के सिवा कुछ कर भी तो नहीं सकते थे सो केवल दूर से निहार रहे थे। छोटू जी को कविता पर अपार गर्व था। अकेली एक असहाय लड़की ने भरे समाज का मुक़ाबला भली-भाँति किया। उसका साहस युद्ध के मैदान में अकेले लड़ रहे किसी घायल राजा से कम न था जो शरीर के लहूलुहान होने के बाद भी हार मानने को तैयार नहीं होता। अंतर मात्र इतना था कि कविता का शरीर नहीं बल्कि हृदय असहनीय बातों एवं अनुभवों से लहूलुहान था। जितना गर्व छोटू जी को कविता पर था आज वह ख़ुद को उतना ही छोटा महसूस कर रहे थे। कहाँ एक लड़की समाज से लड़कर एक मरे हुए शरीर को सम्मान दिला रही थी और कविता को पसंद करने के बाद भी वो इतनी हिम्मत नहीं जुटा पाए कि सब के सामने जाकर उसके कंधे से कंधा मिलाकर खड़े हो जाएँ और कहें कि हाँ ये लड़की सही है।

सब कुछ समाप्त हो चुका था। भीड़ तमाशा देखकर अपने-अपने

घर जा चुकी थी। यमुना जी में स्नान कर कविता सिर झुकाए वापस आश्रम की ओर चली ही थी कि अचानक दूर खड़े छोटू जी पर नज़र पड़ी। छोटू जी को देखते ही बड़े दिनों बाद अपनेपन-सा अनुभव हुआ। कविता को ऐसा महसूस हो रहा था जैसे अभी भी कोई है जो मुझ विधवा को पाप नहीं समझता। मन तो हो रहा था कि जाकर छोटू के गले से लिपट जाए और जी भर के रो ले, मगर मन में बेड़ियाँ भी बँधी हुई थीं। दोनों एक-दूसरे को एकटक निहार रहे थे। एक झिझक के साथ ही, मगर एक-दूजे को देख दोनों मुस्कराए। कुछ क्षणों तक एक-दूसरे को देखते रहे।

"ये क्या हालत बना ली है आपने?" छोटू जी ने कहा।

"अरे सब सही तो है।"

"आप किससे झूठ बोल रही हैं, मेरी मानिए तो चलिए, यहाँ रहना आपके लिए सही नहीं है।"

"क्यों, क्या यहाँ लोग नहीं रहते?"

"रहते हैं, मगर आप चलिए मैं आपको लेने आया हूँ।"

"वहाँ है ही कौन मेरा अपना, यहाँ कम-से-कम मेरे जैसी औरतें तो हैं।"

"कौन कहता है आप अकेली हैं?"

"अच्छा, तो बताओ कौन है वहाँ जिसे मैं भरे समाज में अपना बता सकूँ, जो मेरी मजबूरी को अपनी मजबूरी समझे?" छोटू जी कहना तो चाहते थे कि "मैं हूँ", मगर कह नहीं पाए। फिर काफ़ी समय तक मौन रहने के बाद, अचानक अपने हृदय में छुपी बात बोल ही देते हैं।

"मैं आपसे प्रेम करता हूँ और आपको ले जाने आया हूँ।"

कविता हल्का-सा मुस्कराई और कहा, "मैं एक विधवा हूँ, अपने पति को निगल चुकी हूँ, ऐसी स्त्री को कोई प्रेम-स्नेह दे ये समाज में स्वीकार्य नहीं है। तुम्हारे आगे सारा जीवन पड़ा है एक अच्छे समाज में रहकर एक अच्छा जीवन जीने के लिए। मेरे साथ नाम जोड़ने का भी भ्रम अगर तुमने अपने मन में पाला तो ये समाज तुम्हें भी नहीं जीने देगा।"

"ऐसा कुछ नहीं है। समाज का तो काम है कहना, अगर समाज को इतनी गंभीरता से लिया जाएगा तो जिया कैसे जाएगा?"

"देखो, सिर्फ़ ऐसी बातें ही अच्छी लगती हैं। वास्तविकता इससे कहीं परे है। मैं बचपन से एक स्त्री होने की क़ीमत चुका रही हूँ। ऐसा नहीं है कि मैं तुम्हें पसंद नहीं करती। तुम एक अच्छे व्यक्तित्व के स्वामी हो। तुम्हारा हृदय बहुत उदार है।"

"परंतु मुझे तुम्हारे साथ समय बिताना पसंद है।" छोटू जी ने कहा।

"समय बिताने और जीवन बिताने में बहुत अंतर है।" कविता ने मुस्कराकर उत्तर दिया।

बातें यूँ ही चलती रहीं। समय यूँ ही निकलता रहा। छोटू जी बहुत कुछ कहना चाहते थे परंतु चाहते हुए भी मन से बातें बाहर आने का नाम नहीं ले रही थीं। तभी छोटू जी ने अपनी पीठ पर टँगे बैग में से एक रंगीन पन्नी से लिपटा हुआ सुंदर-सा डिब्बा निकालकर कविता के हाथ में रख दिया। यह वही उपहार था जो छोटू जी मेरठ से लेकर आए थे।

कविता की नज़रें अभी भी छोटू जी पर ही टिकी हुई थीं। कविता के लिए छोटू जी का उसे खोजते हुए यहाँ तक चले आना किसी उपहार से कम न था। फिर भी उसने मुस्कराकर उपहार स्वीकार किया।

छोटू जी ने उपहार खोलकर देखने का इशारा किया। यह सब

देखकर बहुत दिनों बाद कविता के चेहरे पर एक मुस्कान थी। अच्छा-सा अनुभव था। उसने डिब्बे को खोलकर देखा तो सुंदर लाल चमकते हुए कंगन दिखाई दिए। उन्हें देखकर एक आँसू आँखों से निकलकर उन्हीं कंगनों पर जा गिरा। इस लाल रंग ने कविता के बीते जीवन की सारी यादें पल भर में उसके सामने लाकर रख दीं।

छोटू जी की मन बिल्कुल साफ़ था। वो उपहार के तौर पर कंगन लेकर आए थे। परंतु क़िस्मत का एक भद्दा मज़ाक़ था कि लाल रंग से कविता का संबंध कब का टूट चुका था। अब ना तो कविता लाल रंग को स्वीकार कर सकती थी, ना ही लाल रंग कविता को। फिर भी भरे हुए हृदय और आँखों से कविता ने छोटू जी का मन रखने के लिए कंगनों को अपने हाथों में पहन लिया। ये देखकर छोटू जी बहुत ख़ुश थे। कविता की नज़रें अभी भी छोटू जी पर ही टिकी हुई थीं, आँखों से आँसू गिर रहे थे। देर तक कविता अपनी कलाइयों को लाल कंगनों के साथ निहारती रही। फिर अचानक अपनी कलाइयों को ज़ोर से ज़मीन पर पटककर पहने हुए कंगन तोड़ दिए। काँच धरती पर बिखर गया। तेज़ शोर से साथ एक विचित्र-सी शांति वातावरण में फैल गई। कविता ने अपनी कलाइयों को छोटू जी के हाथों में रख दिया और बस एक ही बात कही।

"यही है मेरा नसीब।"

दोनों की नज़रें एक-दूसरे पर ही थीं। आँखों से जैसे दर्द आँसू बनकर बह रहा था। कुछ भी कहने की आवश्यकता नहीं बची थी। मन में बोझ लिए हुए कविता उठी और छोटू जी को वापस लौट जाने का इशारा किया। अकेले मन और आँसुओं से भरी आँखों के संग पुनः विधवा आश्रम की ओर चली गई। छोटू जी का मन था कि वो कविता

को रोक लें, कविता का मन था कि पलटकर छोटू जी को देख ले, पर इस बार न ही किसी ने किसी को रोका, न ही किसी ने किसी को पलट के देखा।

++++++++++++

ख़ालीपन की भी अपनी एक अहम जगह होती है फिर चाहे वह हृदय का ख़ालीपन हो या जगहों का। छोटू जी मन में तो ख़ालीपन महसूस कर ही रहे थे, साथ ही कुछ जगहें ऐसी भी थीं जहाँ से गुज़रने पर ख़ालीपन का एहसास हुआ करता। पहला, छोटू जी की बालकनी के सामने वाली वो खिड़की जहाँ से कविता को छुप-छुप कर देखा करते थे और कविता की हर याद जुड़ी हुई थी और दूसरा, वो गली का छोर जहाँ दोस्तों की तिकड़ी की हर एक याद इतने सालों बाद भी बासी नहीं हुई थी।

यार-दोस्तों का अलग हो जाना जीवन का अभिन्न अंग है परंतु हम इसे बहुत भावात्मक रूप से नहीं देखते क्यूँकि हम जानते हैं कि दूर हो जाने के बाद भी दोस्तों में नज़दीकियाँ बनी ही रहती हैं। उसके विपरीत प्रेम में ऐसा नहीं होता क्योंकि मित्रता में अपेक्षाएँ नाममात्र हैं और प्रेम में अपार।

बड़े प्यारे-से दिन थे। वो समय बीत गया, साल गुज़र गए। डांडी मम्मी-पापा के पास बुलंदशहर चला गया। छोटू जी और डीके अब कभी-कभी मिल लिया करते थे। एक दिन दोनों मिले तो बातों-बातों में न जाने किस बात पर बहस हुई, तू-तू मैं-मैं होने लगी! आपसी मतभेद बढ़े तो दोनों ने बातचीत करना बंद कर दिया। हमें चीज़ों को जर्जर हालत

में ले जाने की आदत पड़ चुकी है। जिस तरह लकड़ी का टूटा दरवाज़ा जब तक चर्र-चर्र कर अपनी मरम्मत की भीख ना माँगने लगे हम उस पर ध्यान नहीं देते, ठीक वैसे ही जब तक रिश्ते बर्बाद होकर मिट्टी में नहीं मिल जाते हमारा उन पर ध्यान नहीं जाता। बहुत-सी ग़लतफ़हमियाँ रिश्तों को अनजाने में जोड़े रहती हैं। छोटू जी डीके के लिए एक आदर्श के बजाय एक सामान्य व्यक्ति हो चुके थे। ना अब बबलू भैया की दुकान पर कोई तिकड़ी जमती, न टहलती हुई नानी को कोई अड्डे पर दिखाई देता। बहुत दिनों से छोटू जी ये बात नोटिस कर रहे थे कि डीके कहीं दिखाई नहीं दे रहा है। उन्होंने सोचा कि ज़रा-सी बात पर इतनी पुरानी दोस्ती में दरार अच्छी नहीं है। उन्होंने निर्णय लिया कि वो जाकर डीके को प्यार से मना लेंगे, आख़िर था तो वो उनसे छोटा ही। छोटू जी डीके के मलिक के घर गए तो देखा बाहर की ओर जिस कमरे में डीके रहता था उसमें अँधेरा था और ताला लगा हुआ था। वहाँ से पता चला कि डीके जा चुका था। मालिक ने उसकी नौकरी एक पानी वाले जहाज़ पर लगवा दी थी और अब वो गुजरात चला गया था। छोटू जी बहुत ही दुखी और अकेला-सा महसूस कर रहे थे। वो डीके के लिए बहुत दुखी थे क्योंकि ज़रा-सी बात के पीछे डीके से उन्होंने ही बोलना बंद कर दिया था। छोटू जी की नासमझी की वजह से इतना प्यारा रिश्ता ख़त्म हो चुका था। गौरव से तो कभी-कभी छोटू जी की बात हो जाया करती पर डीके से अब कोई संपर्क नहीं था। छोटू जी आज भी सोचते रहे थे कि अगर कहीं डीके मिल जाए तो बड़े होने के बाद भी वो डीके से ख़ुद माफ़ी माँग लें। मगर ना ही डीके मिला ना ही माफ़ी माँग पाए।

भारत में विधवाओं की वर्तमान स्थिति पर चिंतन

आज सारे विश्व में भारतीय महिला सशक्तीकरण की बातें बड़े ज़ोर-शोर से क्यों न की जा रही हों, परंतु आज भी भारतीय समाज सैकड़ों वर्षों से चली आ रही कुछ कुरीतियों से उबर नहीं पाया है। विधवाओं की दयनीय स्थिति इन कुरीतियों का ही परिणाम है। आज भी इस महिला सशक्तीकरण के देश में विधवाओं को सम्मान की दृष्टि से नहीं देखा जाता। स्त्री को देवी कहे जाने वाले इस देश के परिवारों के बीच आपसी मतभेद और झगड़े होते हैं तो उलाहने के तौर पर यही कहकर नीचा दिखाया जाता है कि ख़ुद तो अपने पति को खा गई और चैन से ज़िंदगी जी रही है। दुखद यह है कि उत्पीड़न से लबालब यह पंक्ति कभी-कभी नहीं, हर बार कही जाती है और तब तक कही जाती है जब तक एक विधवा स्वयं को अंतर्मन से पापी ना समझने लगे। एक स्त्री जिसका पति नहीं है, उसके मन में ये बात डाल दी जाती है कि अभी तक जो कुछ भी हुआ उसका ज़िम्मेदार कोई घटना-दुर्घटना या समय नहीं बल्कि स्वयं वही स्त्री है। विधवाओं से भेदभाव के मामलों में नाम-मात्र की

कमी आई है। इसका प्रत्यक्ष प्रमाण प्राचीन काल से लेकर आज के इस मॉडर्न युग में देखा जा सकता है। यह कह देना कि आज से सौ साल पहले विधवा स्त्री का सर मुंडवा कर भरे समाज में अपमानित किया जाता था और आज ऐसा नहीं होता, इस बात को प्रमाणित नहीं करता कि समाज विधवाओं के साथ अब निष्पक्ष है और अन्य महिलाओं के समान अधिकार प्रदान करता है।

19वीं सदी से आज तक विधवाओं के भविष्य को लेकर व उनके सामाजिक उत्थान के लिए आवाज़ उठती चली आई है। राजा राममोहन राय जैसे महान लोगों ने विधवाओं की स्थिति को सुधारने में बड़े महत्त्वपूर्ण कार्य किए। उनका मानना था कि समाज को बदलने की ज़रूरत है और अनुचित प्रथाओं को समाप्त करने की ज़रूरत है। व्यक्ति को लंबे समय से चली आ रही आदतों को छोड़ने और नई आदतों को अपनाने के लिए मनाना इन परिवर्तनों को लाने का सबसे प्रभावी तरीक़ा होगा।

राममोहन राय पूरे देश में पश्चिमी शिक्षा को बढ़ावा देने और महिलाओं की समानता और स्वतंत्रता के विकास में सक्रिय थे। उन्होंने इस बारे में बात की कि कैसे महिलाओं से घरेलू कामकाज करने की अपेक्षा की जाती है, उन्हें घर के अंदर और रसोई में रखा जाता है और उन्हें घर छोड़ने और शिक्षा प्राप्त करने से रोका जाता है। राजा राममोहन राय भारत में विधवाओं की स्थिति की ओर ध्यान दिलाने वाले प्रमुख व्यक्ति रहे। विधवाओं को अपने जीवन में जिन कठिनाइयों का सामना करना पड़ा, ये देखकर वास्तव में राममोहन राय बहुत अधिक द्रवित हुए। उन्होंने सती प्रथा के विरुद्ध आक्रामक रुख़ अपनाया। संस्कृत, फ़ारसी

व साथ ही कई अन्य भारतीय और यूरोपीय भाषाएँ राममोहन राय की सबसे बड़ी ताक़तों में से थीं। अपने प्रकाशनों के माध्यम से उन्होंने यह समझाने की कोशिश की कि प्राचीन साहित्य विधवाओं को जलाने की प्रथा का समर्थन नहीं करता है। उन्नीसवीं सदी के पहले दशक तक कई ब्रिटिश अधिकारियों ने भारतीय परंपराओं और प्रथाओं पर सवाल उठाना शुरू कर दिया था। परिणामस्वरूप, महिलाओं की ऐसी स्थिति को लेकर वे राममोहन की ओर ध्यान देने को बाध्य हो गए। ब्रिटिश अधिकारी जानते थे कि राजा राममोहन राय एक विद्वान व्यक्ति हैं। आख़िरकार तमाम प्रयासों के बाद 1829 में सती प्रथा पर प्रतिबंध लगा दिया गया। बाद के सुधारकों ने राममोहन राय के नेतृत्व का अनुसरण किया और उसी पद्धति को अपनाया। यदि वे अप्रिय लगने वाले किसी व्यवहार पर आपत्ति करना चाहते थे तो उन्होंने पुराने पवित्र ग्रंथों में उस पंक्ति या वाक्य की खोज की जो उनकी स्थिति का समर्थन करता हो।

सबसे प्रसिद्ध सुधारकों में से एक, ईश्वरचंद्र विद्यासागर ने सुझाव दिया कि प्राचीन साहित्य के आधार पर विधवाएँ पुनर्विवाह कर सकती हैं। ब्रिटिश अधिकारियों ने उनकी सिफ़ारिश को माना और 1856 में ईश्वरचंद्र विद्यासागर के प्रयासों से विधवा पुनर्विवाह अधिनियम पारित हुआ जो सती प्रथा निरोधक क़ानून का तार्किक परिणाम था। सती होने पर रोक लगाने से समाज में विधवाओं की संख्या बढ़ने लगी। उन्हें सामान्य जीवन जीने की अनुमति नहीं थी क्योंकि समाज में विधवाओं के पुनर्विवाह को क़ानूनी मान्यता नहीं थी। अतः उनके अधिकार स्पष्ट नहीं थे। इसीलिए ईश्वरचंद्र विद्यासागर ने विधवा पुनर्विवाह अधिनियम के निर्माण पर बल दिया।

स्वामी दयानंद सरस्वती, जिन्होंने उत्तर में आर्य समाज के नाम से जाने जाने वाले सुधार समूह की स्थापना की, ने भी विधवा पुनर्विवाह का समर्थन किया। हालाँकि, पुनर्विवाह करने वाली विधवाओं की संख्या घट रही थी। विवाह को पूरी तरह से मान्यता नहीं दी गई और रूढ़िवादी संगठन नए क़ानून की आलोचना करते रहे।

यह कुरीति कितनी बड़ी और व्यापक है इस बात का अंदाज़ा इसी से लगाया जा सकता है कि इसमें सुधार हेतु पिछले 200 वर्षों से अधिक समय से प्रयास किए जा रहे हैं फिर भी इस वर्तमान समय में यह बुराई समाज में ठीक उसी रूप से व्याप्त है जैसे लगभग 200 वर्षों पूर्व थी।

प्रारंभ से ही विधवा महिलाओं को सामाजिक व आर्थिक दृष्टि से हानि का सामना करना पड़ रहा है। विधवाएँ शारीरिक व मानसिक तौर पर अस्वस्थ हो जाती हैं जिसकी वजह से उनमें मृत्यु दर सामान्य लोगों से अधिक पाई गई है। वर्ल्ड हेल्थ ऑर्गेनाइजेशन (डब्ल्यूएचओ) की न्यू वर्ल्ड स्टैंडर्ड पॉपुलेशन रिपोर्ट 2021 के अनुसार यह पाया गया है कि विधवा महिलाओं में विधुर पुरुषों के मुकाबले मृत्यु दर काफ़ी अधिक है। साथ ही युवा पुरुषों में पुराने विधुर पुरुषों के मुकाबले मृत्यु दर अधिक है। वहीं युवा विधवा महिलाओं में पुरानी विधवाओं के मुकाबले मृत्यु दर का ख़तरा अधिक पाया गया है।

महिलाओं के हितों की सुरक्षा के लिए जागरूक एक वेबसाइट "शी द पीपुल (She the People)" में लेखिका रुद्राणी गुप्ता ने 11 जनवरी 2023 में अपने एक लेख "Social Death, Abuse And Exploitation: When Will The Plight Of Widows In India End ?" में लिखा है कि समाज विधवाओं के प्रति इतना निर्दय क्यों

है ? अपने नाम पर विभिन्न क़ानूनी अधिकार होने के बावजूद विधवाएँ इतनी असुरक्षित क्यों हैं ? क्या पति की मृत्यु से महिला सम्मान पाने में असमर्थ हो जाती है ? क्या एक महिला का जीवन केवल तभी मूल्यवान है जब उसके पास पति हो ?

रुद्राणी गुप्ता ने अपने इस लेख में ऐसे क़ानून का ज़िक्र किया है जो विधवाओं और उनके बच्चों को विधवा के ससुराल वालों से गुज़ारा भत्ता पाने का हक़दार बनाता है। क़ानून में कहा गया कि विधवाओं के साथ-साथ उनके बच्चों की भी देखभाल ससुराल वालों को करनी चाहिए। हालाँकि, इस क़ानून के होने के बावजूद वास्तविकता आश्चर्यचकित कर देने वाली है। भले ही क़ानून विधवाओं और अब उनके बच्चों को उचित भरण-पोषण के लिए पात्र मानता है, फिर भी वास्तविकता अलग क्यों है ? न्यायाधीश के कथन के अनुसार, "1956 का अधिनियम" उन निराश्रित बहुओं की देखभाल के लिए बनाया गया एक लाभकारी क़ानून है, जो दुर्भाग्यपूर्ण परिस्थितियों के कारण विधवा हो जाती हैं। पंजाब और हरियाणा उच्च न्यायालय ने एक मामले से निपटते समय एक फ़ैसले को चुनौती दी थी जिसमें पारिवारिक न्यायालय ने एक विधवा के बच्चों को उनके भरण-पोषण के लिए 2000 रुपये प्रदान करने की बात कही थी। उच्च न्यायालय द्वारा इस बात पर एतराज ज़ाहिर किया गया कि मात्र दो हज़ार की धनराशि भरण-पोषण के लिए कितनी उचित है। हालाँकि यह निर्णय हमारे देश में विधवाओं की दुर्दशा के बीच प्रकाश की किरण है। फिर भी यह उनकी सुरक्षा सुनिश्चित नहीं करता।

हमारे समाज में विधवाओं को अपवित्र माना जाता है और उन्हें ख़ुशी से जुड़ी किसी भी चीज़ में शामिल होने से रोका जाता है। इसके

अलावा, एक महिला का मूल्य तब समाप्त हो जाता है जब उसके पति का नाम उसके जीवन से हटा दिया जाता है। यही कारण हैं कि विधवाएँ हमारे समाज में एक वंचित समूह बन गई हैं। विधवाओं को न केवल सुरुचिपूर्ण ढंग से कपड़े पहनने से रोका जाता है, बल्कि उन्हें अपनी इच्छाओं को पूरा करने या नया जीवन शुरू करने से भी रोका जाता है। एक विधवा को किसी बच्चे के आसपास रहने की अनुमति नहीं है, किसी पुरुष से प्यार की तलाश तो दूर की बात है। "शी द पीपुल" ने अपने इस लेख में बॉलीवुड की फिल्म "कलर" का ज़िक्र भी किया है जिसमें अभिनेत्री नीना गुप्ता के किरदार के बारे में बताया गया है जो विधवाओं की स्थिति का सजीव चित्रण है। फिल्म में नीना गुप्ता के चरित्र को शर्मसार किया गया और परिणामस्वरूप उसे मार दिया गया क्योंकि उसने (विधवा) नेल पॉलिश, रंग लगाना और बच्चियों के साथ बातचीत करना शुरू कर दिया था।

विधवाओं को डायन, आदमखोर और अपवित्र छाया कहकर शर्मिंदा किया जाता है। कुछ समुदायों में, विधवाओं को अपने 'पति की हत्या के पाप से मुक्त होने' के लिए अपना सिर मुंडवाने, अपने पति के शव के स्नान का पानी पीने और असुरक्षित यौन संबंध बनाने के लिए मजबूर किया जाता है।

संयुक्त राष्ट्र के अनुसार, दुनिया की 115 मिलियन ग़रीब विधवाओं में से 42 मिलियन ग़रीब विधवाओं का घर भारत है। 20,000 विधवाओं वाला वृंदावन विधवाओं का शहर माना जाता है। इनमें से अधिकतर विधवाएँ बहुत कम उम्र की हैं जिनकी कम उम्र में ही शादी कर दी गई थी। विधवाओं को उनके मूल अधिकारों, सम्मान और सुरक्षा से

वंचित किया जाता है। उन्हें सामाजिक बहिष्कार, शोषण और दुर्व्यवहार का शिकार होना पड़ता है। कई को पारिवारिक संपत्ति प्राप्त करने के अधिकार से वंचित कर दिया जाता है। भारत में कुल महिलाओं की 9 प्रतिशत महिलाएँ एक विधवा के रूप में हैं, फिर भी, इस समूह को अनदेखा और शोषित किया जाता है। पति की मृत्यु के बाद एक महिला का मूल्य कम हो जाता है और वह सामाजिक मृत्यु का शिकार हो जाती है क्योंकि उसे उन सभी अधिकारों से वंचित कर दिया जाता है जो हमारे समाज में सामान्य मानव को प्राप्त हैं। तो क्या यह कहना सही नहीं होगा कि हमारे समाज में महिला और विधवा होना एक सज़ा है? जबकि विधुरों को इस तरह के किसी भी भेदभाव या सामाजिक बहिष्कार का सामना नहीं करना पड़ता है। वास्तव में, उन्हें अभी भी एक संभावित दूल्हा माना जाता है जिसके पास संपत्ति और नौकरी है।

समाज विधवाओं के प्रति इतना निर्दय क्यों है? अपने नाम पर विभिन्न क़ानूनी अधिकार होने के बावजूद विधवाएँ इतनी असुरक्षित क्यों हैं? "शी द पीपुल" में कल्याणी गणेशन अपने एक लेख "Widowed Mother In UP Assaulted For Wanting To Remarry: Is This A Refined Version Of Sati" में लिखती हैं कि अब समय आ गया है, हम विधवाओं को अपने समाज में एक विशेष समूह के रूप में शामिल करना शुरू करें। हमारे समाज में महिलाएँ आमतौर पर शादी के बाद बेरोज़गार हो जाती हैं और जब वे विधवा हो जाती हैं, तो उनका वित्तीय सशक्तीकरण उनके सामाजिक मूल्य के साथ और भी कम हो जाता है। हमारे समाज में किसी भी अन्य भेदभाव की तरह विधवाओं के ख़िलाफ़ भेदभाव को अपराध घोषित किया जाना चाहिए। ख़ासतौर पर

महिलाओं का सम्मान किया जाना चाहिए क्योंकि उनमें सामान्य तौर पर भी सुरक्षा और संरक्षा का अभाव है। विधवाओं को सम्मान, गरिमा और अधिकार प्रदान करना आवश्यक है क्योंकि वे भी इंसान हैं। पति को खोना कोई अपराध नहीं है। यह पत्नी को खोने जितना ही सामान्य है।

कल्याणी गणेशन लिखती हैं कि मातृत्व को इतना महिमामंडित किया जाता है कि माँ बनने के बाद महिलाओं को एक व्यक्ति के रूप में नहीं देखा जाता। उम्मीद की जाती है कि उनका पूरा जीवन उनके बच्चों के इर्द-गिर्द घूमता रहेगा। माँ बनने के बाद महिलाओं को अपने सपने और इच्छाएँ क्यों छोड़ देनी चाहिए? क्या वे व्यक्ति के रूप में सुखी जीवन जीने की हक़दार नहीं हैं? यदि किसी महिला का पति गुज़र जाए तो उसका जीवन क्यों समाप्त हो जाता है? क्या यह उसकी पसंद नहीं है कि वह अपने जीवन में कोई दूसरा पुरुष चाहती है या नहीं? समाज महिलाओं को जीवन में उनकी बुनियादी आवश्यकताओं तक पहुँचने की अनुमति क्यों नहीं दे रहा है? विधवा होने या तलाक़ के बाद जीवनसाथी की तलाश करना ग़लत नहीं है। तो, अगर वह माँ है तो क्या हुआ? वह हमेशा अपने बच्चों की माँ रहेगी, लेकिन इसका मतलब यह नहीं है कि वह इच्छाएँ रखने वाली इंसान नहीं है। विधवा और तलाक़शुदा माताओं को केवल "माँ" के रूप में क्यों देखा जाता है, व्यक्ति के रूप में क्यों नहीं? जो महिला सिर्फ़ पुनर्विवाह कर घर बसाना चाहती है, उसके प्रति समाज इतना क्रूर कैसे हो सकता है?

इसी लेख में कल्याणी गणेशन ने एक घटना का ज़िक्र किया है। उन्हें सोशल मीडिया पर दो वीडियो क्लिप मिलीं जिनमें चार साल पहले अपने पति को खोने के बाद एक 35 वर्षीय व्यक्ति से शादी करने की

इच्छा रखने वाली पाँच बच्चों की 34 वर्षीय माँ को उसके रिश्तेदारों ने कई घंटों तक बेरहमी से पीटा और अपमानित किया। इन वीडियो में एक बच्चे को माँ पर हमला होते और बेहोश होते देख ज़ोर-ज़ोर से रोते हुए देखा जा सकता है। ग्रामीणों ने उस व्यक्ति की भी पिटाई कर दी जिससे महिला शादी करना चाहती थी। घटना यूपी के संभल ज़िले के जूनावासी इलाक़े की थी। शुरुआत में, पुलिस का मानना था कि कुछ भूमि विवाद के कारण दंपती पर हमला किया गया था और वीडियो इंटरनेट पर वायरल होने के अगले दिन हमलावरों पर मामला दर्ज किया गया। पुलिस ने चार लोगों को गिरफ़्तार किया और उन पर भारतीय दंड संहिता की विभिन्न धाराओं के तहत मामला दर्ज किया। चार अन्य पुरुष फ़रार हैं और सभी आरोपी महिला के रिश्तेदार हैं। स्थानीय लोगों ने दावा किया कि हमला तीन घंटे तक चला जिसके बाद घायल महिला को उसके घर में खींच लिया गया और अंदर बंद कर दिया गया। यह भी आरोप लगाया गया कि हमले में उसके दिवंगत पति के चचेरे भाई भी शामिल थे। पुलिस ने ससुराल में रह रही महिला को बचाया। महिला ने खुलासा किया कि वह दोबारा शादी कर घर बसाना चाहती थी लेकिन उसके परिवार और समुदाय वाले इसके ख़िलाफ़ थे।

क्या किसी ने कथित तौर पर तीन घंटे तक चले इस पागलपन को रोकने की कोशिश नहीं की? क्या लोगों को उसके नाबालिग़ बच्चों का भी ख़याल नहीं था जो अपनी माँ पर हमला होते देख बेबस होकर रो रहे थे? हम किस तरह के हृदयहीन और बुद्धिहीन समाज में रह रहे हैं?

किसी विधवा महिला का पुनर्विवाह करना किस दुनिया में ग़लत या ग़ैरक़ानूनी है? यह क्रूरता सती का एक परिष्कृत संस्करण प्रतीत होती है।

एक सामाजिक बुराई जिसके बारे में हमारा मानना है कि इसे ख़त्म कर दिया गया है। हालाँकि, ऐसा लगता है कि कुछ को छोड़कर समाज का संपूर्ण हिस्सा शायद यह तो नहीं चाहता कि विधवा चिता में कूदे बल्कि वे उम्मीद करते हैं कि वह जीवन भर नरक में रहे। जब कोई पुरुष विधुर हो जाता है तो समाज उस पर दया करता है और तुरंत उसकी दूसरी शादी कराने की तैयारी करता है क्योंकि "एक आदमी अकेला कैसे रह सकता है?" यदि उसके बच्चे हैं तो प्रक्रिया केवल इसलिए तेज़ हो जाती है क्योंकि बच्चों को "एक माँ की ज़रूरत होती है।" लेकिन जब स्थिति इसके विपरीत होती है और बच्चों वाली एक विधवा पुनर्विवाह करना चाहती है, तो उसे अपमानित किया जाता है, शर्मिंदा किया जाता है और उसके साथ मारपीट की जाती है। यह कहना भी शायद ही ग़लत होगा कि "पाखंड चरम पर है।"

वहीं मानसी वाधवा ने दिनांक 15 जनवरी 2023 के अपने एक लेख "A Widow Entitled To Compensation Even After Remarriage" के माध्यम से विधवा के पुनर्विवाह के बाद भी मुआवज़ा मिलने के हक़ में बात कहते हुए एक घटना (case) का उल्लेख किया है जिसमें एक बीमा कंपनी ने महेंद्र सोनावणे की विधवा सुषमा सोनावणे के विधवा दावे को खारिज कर दिया। यह दलील देकर कि "महेंद्र सोनावणे की विधवा सुषमा दावा दायर करते समय पति की आय पर निर्भर नहीं थी" क्योंकि वह फिर से विवाह कर चुकी है। अगर वह पूर्णतः निराश्रित होती तो बीमे की रक़म दे दी जाती। बहुत समय तक यह मुद्दा अदालत में चलते रहने के बाद बॉम्बे हाई कोर्ट ने हाल ही में फ़ैसला सुनाया कि सड़क दुर्घटना में पति की मृत्यु के एक साल

के भीतर पुनर्विवाह करने पर भी विधवा मुआवजे की हक़दार है। कोर्ट ने बीमा कंपनी को विधवा को 30 लाख रुपये देने को कहा।

शर्मिला बोस (वरिष्ठ अनुसंधान सहयोगी, सेंटर फॉर इंटरनेशनल स्टडीज़, राजनीति और अंतरराष्ट्रीय संबंध विभाग, ऑक्सफोर्ड विश्वविद्यालय) एक जानी-मानी वेबसाइट "अलजज़ीरा डॉट कॉम" के माध्यम से अपने एक लेख (6 फरवरी 2012) में लिखती हैं कि भारत में हिंदू विधवाओं की दुर्दशा को हाल ही में अंतरराष्ट्रीय स्तर पर बदनामी मिली जब भारतीय फिल्म निर्माता दीपा मेहता ने अपनी फिल्म वॉटर की शूटिंग वाराणसी में करने की कोशिश की, जो उन "पवित्र" शहरों में से एक है जहाँ विधवाओं को पारंपरिक रूप से ग़रीबी में अपना जीवन जीने के लिए भेजा जाता है जो अकसर पितृसत्तात्मक समाजों के पाखंडी धोखे का शिकार होती हैं। भले ही मेहता को भारत सरकार द्वारा वहाँ अपनी फिल्म की शूटिंग करने की अनुमति दी गई थी, जिसने पहले स्क्रिप्ट का निरीक्षण किया था। उन्हें और उनके दल को उनकी फिल्म पर 'हिंदू विरोधी' होने का आरोप लगाते हुए ग़ुस्साई भीड़ का सामना करना पड़ा। उन्हें भारत में फिल्मांकन छोड़ना पड़ा और अंततः, कई वर्षों बाद श्रीलंका में फिल्म की शूटिंग की। मेहता की फिल्म 1930 के दशक पर आधारित थी, क़ानून बदलने के विद्यासागर के सफल अभियान के लगभग 80 साल बाद। लेकिन भारत में विधवाओं के साथ होने वाले दुर्व्यवहार और हाशिये पर रखे जाने की कहानियाँ आज भी मीडिया में आती रहती हैं। जैसा कि हम सभी जानते हैं, क़ानून समाज को नहीं बदलता है; वास्तविक क्रांति वह है जो लोगों के मन के भीतर होती है।

इतने सामाजिक तिरस्कार के बीच कुछ सभ्य व समझदार लोग

आदर्श उदाहरण स्थापित करते हैं। ऐसा ही एक उदाहरण ओड़िशा के गोबराँ गाँव से देखने को मिलता है जहाँ की पूर्व सरपंच प्रतिभा बेहरे ने अपने पुत्र की बीस वर्षीय विधवा लिली बेहरे का दूसरा विवाह कराया। प्रतिमा बेहरे का कहना है कि "मैं अपनी बहू के दुखों को बर्दाश्त नहीं कर सकी जो सिर्फ़ 20 साल की है। उसे जीवन में ख़ुश रहने का अधिकार है।" इसलिए उन्होंने अपनी विधवा बहू लिली की शादी धूमधाम से कर एक नई मिसाल क़ायम की। द न्यू इंडियन एक्सप्रेस की रिपोर्ट के अनुसार, परिवार के सदस्य तालचेर क्षेत्र के एक जगन्नाथ मंदिर में एकत्र हुए और वहाँ अच्छे ढंग से आयोजित विवाह समारोह में रस्में हुईं व उन्होंने कन्यादान का कर्तव्य भी निभाया।

बहुत ज़रूरी है कि समाज में प्रतिभा बेहरे की तरह एक नई सोच उठ खड़ी हो जो समाज में व्याप्त इस बुराई और विधवाओं पर हो रहे अत्याचार, पक्षपात व उत्पीड़न को हमेशा के लिए समाप्त कर दे।

जब स्त्री पुरुष संग सात फेरे लेकर उसके जीवन का एक भाग होना स्वीकार करती है तो वामांगिनी (बायाँ भाग पर अधिकार) कहलाती है। स्त्री इन सात फेरों में पुरुष से सात वचन लेकर स्वयं को उसे समर्पित कर देने की स्वीकृति प्रदान कर उसके बाएँ भाग पर अधिकार माँगती है। प्रत्येक फेरे के साथ एक वचन जुड़ा है, इस कविता के ये सात पद एक-एक कर प्रत्येक फेरे के महत्त्व को दर्शाते हैं।

वामांगिनी

तुम चाहो तो मुझको अपना तुम कर लो
मैं चाहती हूँ मुझको दिल से इज़्ज़त दो
निकलो जब भी किसी राह और सफ़र तुम
मुझको अपने साथ शामिल कर लेना
यदि मेरी यह शर्त है स्वीकार तुम्हें
तो ख़ुशी से तेरे हाथ पर अपना हाथ रखूँ

मात-पिता को प्रभु समझते होगे तुम
मैं भी सच्चे मन से उनको पूजूँगी
ख़ुद के अम्मा-बाबा जैसा ही ना सही
मेरे माँ-बाबा को थोड़ा आदर दो
यदि मेरी यह शर्त भी है स्वीकार तुम्हें
तो ख़ुशी से तेरे हाथ पर अपना हाथ रखूँ

अभी है यौवन कल को बुढ़ापा आएगा
हो जाऊँगी मैं बिल्कुल तुम पर निर्भर
हाथ ना छोड़ोगे मरने तक खाओ क़सम
कभी ना होगा केवल मैं, बस होंगे हम
यदि मेरी यह शर्त भी है स्वीकार तुम्हें

तो ख़ुशी से तेरे हाथ पर अपना हाथ रखूँ

करूँ भरोसा कैसे तुम पर बतलाओ
उठा सकोगे घर गृहस्थी का मान बहुत
कर दो मेरी इस शंका का तुम संहार
कंधों पर सह लो गृहस्थी का बोझ अपार
यदि मेरी यह शर्त भी है स्वीकार तुम्हें
तो ख़ुशी से तेरे हाथ पर अपना हाथ रखूँ

मुझको अपना आधा अंग भी मानोगे
दर्जा दोगे मुझको अपने ही समान
हरेक विपत में हाथ बढ़ाकर चलोगे तुम
क़दम से क़दम मिलाकर चलोगे तुम
यदि मेरी यह शर्त भी है स्वीकार तुम्हें
तो ख़ुशी से तेरे हाथ पर अपना हाथ रखूँ

सब कुछ त्याग के आऊँगी मैं तेरे घर
याद बहुत आएगी मुझको सखियों की
कभी जो सखियाँ मिल जाएँ और बात करें
इज़्ज़त उनके सामने मेरी रख लेना
यदि मेरी यह शर्त भी है स्वीकार तुम्हें
तो ख़ुशी से तेरे हाथ पर अपना हाथ रखूँ

वार रही हूँ अपना सब कुछ मैं तुम पर
तुम भी अब जल्दी से कर दो इक वादा
सदा रहोगे मेरे मन के बहुत समीप
कभी ना आएगा कोई दोनों के बीच
यदि मेरी यह शर्त भी है स्वीकार तुम्हें
तो ख़ुशी से तेरे हाथ पर अपना हाथ रखूँ।

****